# LA TENTATION
# DE VENISE

ALAIN JUPPÉ

# LA TENTATION DE VENISE

BERNARD GRASSET
PARIS

# PRÉFACE

*Y a-t-il aujourd'hui espèce animale plus décriée que l'homo politicus ?*

*Incompétents, inutiles, menteurs, voleurs... voilà quelques-unes des épithètes qu'on nous décerne volontiers.*

*On peut ne voir dans ce rejet de la politique et des politiques qu'une mode récurrente et se résigner au discrédit en attendant que les temps changent.*

*Ce n'est pas mon cas. Je ne m'y fais pas. Et j'ai voulu le dire.*

*J'ai voulu dire ma révolte devant la présomption de malhonnêteté qu'on fait peser sur l'ensemble de ce qu'il est convenu d'appeler la « classe politique ».*

*Qu'il y ait parmi nous des moutons noirs, c'est entendu. Comme il y a des avocats marron, des chirurgiens indélicats, des chefs d'entreprise véreux, des joueurs de foot qui fraudent le fisc... etc. Englobe-t-on pour cela toute une corporation dans la honte que méritent quelques-uns de ses membres ? Combien de temps encore fera-t-on payer le prix moral d'une scandaleuse loi d'amnistie à tous les parlementaires, y* compris à ceux qui ne l'ont pas votée ? Quel est donc le sens — et le but — de ces pseudo-enquêtes d'opinion qui nourrissent complaisamment l'antiparlementarisme à la mode ? Quand on demande aux Français, dans le climat actuel, comme l'a fait un grand journal, qui est le plus utile à la société : un entrepreneur qui crée des emplois, un médecin qui sauve des vies humaines, une infirmière qui soulage et console, un homme politique ou une prostituée, faut-il s'étonner que nous arrivions en fin de liste, juste avant les praticiennes du plus vieux métier du monde ? Mais qu'aurait été le classement si l'on avait donné à comparer un maire qui attire dans sa commune une usine de cinq cents salariés et un patron qui doit en licencier mille ?

« Il faut vous durcir le cuir, me dira-t-on. C'est la dure loi du métier que vous avez choisi. » Certes. J'ai conscience qu'il ne suffit pas de se révolter. Il est plus utile de chercher à comprendre et à convaincre. Je cherche donc.

D'où vient ce divorce entre les Français et leurs élus, qui menace de corrompre le principe de la démocratie ?

Pouvoir excessif de l'argent ? Oui ! La hiérarchie des valeurs n'est plus ce qu'elle était. Il y a dix ans, les patrons avaient chez nous mauvaise presse. C'étaient tous des exploiteurs. Les voici aujourd'hui réhabilités et proposés en exemple à notre jeunesse. Tant mieux ! Mais faut-il du même coup rabaisser ceux qui préfèrent, à la légitime recherche du profit, le non moins respectable service du bien public ? Depuis longtemps, on écrit des livres pour dénoncer les excès de l' « énarchie » et la colonisation des postes de la haute adminis-

*tration par les brillants produits de cette école prestigieuse... dont c'est pourtant la raison d'être de former des hauts fonctionnaires. S'est-on aperçu que les choses avaient bien changé ? L'administration ne fait plus recette ; les meilleurs « pantouflent » au plus tôt et trouvent, dans l'entreprise, argent et considération. L'État et la République y ont-ils gagné ?*

*Pouvoir incontrôlé des médias ? Oui ! Ce n'est pas la partialité, voire le militantisme de certains organes de presse qui me choquent. Le contre-feu existe : c'est le pluralisme et la concurrence. Ils ont progressé, y compris à la télévision. Le mal est plus profond. Ce qui me navre souvent, c'est la légèreté des analyses, le suivisme des commentaires, l'amplification des phénomènes de mode, le succès des idées toutes faites, l'absence de recul historique et, pour dire vrai, l'inculture tout court. Je sais que les hommes et les femmes qui font l'information sont les premiers à en souffrir et se sentent souvent victimes d'un système dont l'appétit d'images instantanées devient frénétique. Ne peut-on vraiment briser le carcan et s'intéresser enfin au moins autant au fond qu'à la forme ?*

*Sans doute y a-t-il du vrai dans tout cela. Mais je crains que les hommes politiques ne se donnent ainsi bonne conscience à peu de frais. Si c'est « la faute à l'argent » ou « la faute aux médias », qu'avons-nous à nous reprocher ? L'échappatoire est commode.*

*En vérité, nos comportements expliquent aussi, pour beaucoup, la mauvaise réputation qui nous est faite. Ce qui choque le plus l'opinion, avide d'unité et de concorde, c'est l'égoïsme forcené qui sévit* sauvagement dans le monde politique. Que voyons-nous à gauche comme à droite ?

L'absence, sinon d'idées, du moins d'expression des idées ; la disparition de tout esprit d'équipe alors même que les prochaines échéances électorales requièrent un jeu collectif ; et, au lieu de l'effort de rassemblement nécessaire pour redonner confiance et ambition à un peuple déboussolé, l'activisme vibrionnant de quelques vedettes qui ont en tête une seule obsession : « Comment me placer en vue de la prochaine élection présidentielle ? Comment faire parler de moi ? Comment me démarquer de mes rivaux ? » Cette lutte cruelle n'implique qu'une dizaine de personnes, qui n'ont pas toutes les moyens de leurs ambitions. Mais elle empoisonne la vie politique française ; elle mine les partis sans lesquels pourtant la démocratie représentative périt ; elle leur substitue peu à peu des écuries présidentielles sans autre projet que le culte du jockey autour duquel elles se sont constituées.

Je ne suis pas plus naïf qu'un autre. Je sais que, partout où il y a un enjeu de pouvoir, il y a compétition. En politique certes, mais aussi dans l'entreprise, dans les rédactions des chaînes de télévision, dans le monde scientifique et médical. Un éminent chef de service hospitalier m'a dit un jour : « La confraternité, cette haine vigilante... » Tout cela est humain et légitime. Pourtant je maîtrise mal, je l'avoue, mon exaspération devant le décalage si fréquent entre l'appel au rassemblement que nous lançons tous rituellement et l'énergie farouche que mettent certains à cultiver leur « image ». Obsession parfois grotesque : « Où en est mon image dans l'opinion ? Est-ce bon pour mon image ? Ne faudrait-il pas demander à un *spécialiste de s'occuper de mon image ? » Ah ! les « spécialistes en image » ! Onzième plaie d'Égypte ! Je continue donc à rêver d'une façon plus désintéressée de faire de la politique, plus collective, plus patiente. Au RPR, par exemple, nous avons Chirac. C'est son tour. Pourquoi les autres s'agitent-ils au lieu de tout faire pour qu'à travers lui, nos idées l'emportent ?*

*Suis-je le mieux placé pour tenir ce discours, quelque peu moralisateur, j'en conviens ? Pour tenter d'apporter ma modeste contribution à la réhabilitation de la politique ? Assurément non. Je représente, sans aucun doute et jusqu'à la caricature, ce que l'on décrie le plus aujourd'hui. Technocrate, Parisien, apparatchik, je cumule les handicaps. Si telle est bien ma réputation, je prends peu de risques à m'exprimer. La réalité ne peut être pire que l'apparence...*

Technocrate ?

*Je suis, c'est vrai, bardé de diplômes.*

*J'ai commencé dans un modeste lycée de province : le lycée Victor-Duruy de Mont-de-Marsan. De la « huitième », comme on disait à l'époque, jusqu'en terminale, j'ai besogné. La cérémonie de distribution des prix qui se déroulait en juillet chaque année sous les platanes centenaires de la cour d'honneur était mon jour de gloire. Je « trustais » les premiers prix. Quand je parvins à convaincre ma mère que la pratique du sport ne contrarierait pas le bon déroulement de mes études, au contraire, j'ai même obtenu un accessit de gymnastique ! Je prenais tout à cœur. J'étais heureux. J'admirais mes profs. J'étais avide de connaissance. J'étais incontesté dans mon royaume. On ne se remet jamais tout à fait de son enfance.*

*Le doute naquit en moi quand il fallut « monter à Paris ». Sur la foi de mon livret scolaire, le lycée Louis-le-Grand m'ouvrit les portes de son hypokhâgne. On m'avait averti que j'allais entrer en compétition avec la fine fleur de l'intelligence française. J'étais paniqué. Je finis néanmoins l'année en remportant le prix d'excellence. Ce devenait une malédiction.*

*Je fus heureux à la rue d'Ulm, coincé à Sciences Po — je sentais que ce n'était pas tout à fait mon monde —, consciencieux durant le stage de préfecture qui ouvre la scolarité à l'ENA, déçu par mon passage rue des Saints-Pères (l'ENA y était encore installée). Vint le moment de choisir un métier. Je balançai plusieurs jours entre le Conseil d'État et l'inspection des Finances. La tentation technocratique fut la plus forte : je me dis que le vrai pouvoir était aux Finances.*

*Je n'ai pas regretté ce choix. La formation que reçoit un jeune inspecteur des Finances est, contrairement aux idées reçues (y compris par moi avant d'entrer dans le « corps »), la moins technocratique qui soit. Ma première « brigade » — on utilise toujours ce terme militaire pour désigner l'équipe de jeunes inspecteurs qui, sous la conduite d'un ancien, « fond » sur un service extérieur du ministère des Finances pour le passer au peigne fin — me conduisit à Saint-Flour. Le percepteur chez lequel je débarquai sans prévenir, un soir de juin à 6 heures, maudit le ciel du mauvais sort qui l'accablait. Vacances fichues ! Terreur de voir éplucher sa gestion des dix dernières années ! La rareté des visites de l'Inspection en augmente la solennité. S'il avait su la peur panique qui m'habitait ! Pendant les dix jours que je passai dans ses bureaux, plongé dans ses registres, je vécus un calvaire. Pour la première fois, je ne comprenais rien. Entre les grands principes de la comptabilité publique qu'on m'avait inculqués à Sciences Po et à l'ENA et leur application concrète dans les écritures quotidiennes d'un percepteur, il y avait un monde. Le soir, lorsque je retrouvais à l'hôtel mes camarades de brigade, je frimais. J'essayais d'expliquer aux autres ce que je n'avais pas moi-même compris. Ce n'est pas, d'ailleurs, une si mauvaise méthode pour progresser.*

*De 1972 à 1976, j'ai fait ce travail pendant trois ans, de perception en bureau de douane, d'office d'HLM en hôpital, d'entreprise nationale en association subventionnée, puisque la compétence de l'Inspection s'étend à tous les organismes qui reçoivent des fonds publics. J'ai connu bien des soirées solitaires dans des hôtels paumés, et des moments de déprime au fond de bureaux crasseux. L'administration des Finances n'est pas toujours bonne mère pour ses enfants ! Mais quand je suis revenu au ministère, dans des fonctions administratives ou même, plus tard, comme ministre, je me suis rendu compte que cette formation sur le tas donnait aux inspecteurs des Finances une connaissance « de l'intérieur » des procédures, de l'organisation et pour tout dire de la vie quotidienne des agents qu'ils sont chargés de diriger. Leurs collègues dont la carrière s'est tout entière déroulée rue de Rivoli, ou maintenant quai de Bercy, n'ont pas eu la même chance.*

*Cette expérience, en fait très « antitechnocratique », m'a aussi beaucoup servi lorsqu'en 1978, je suis entré dans l'administration de la Ville de Paris. J'y ai passé quatre ans. D'abord au cabinet du maire qui m'avait confié des dossiers aussi divers que le sauvetage des clubs de football parisiens — nos deux équipes, PSG et*

*PFC, étaient en plein naufrage — ou la modernisation de la collecte des ordures ménagères dans la capitale — c'est alors que fut choisie la formule des « conteneurs » qui est aujourd'hui un modèle pour de nombreuses villes. Puis ce fut la direction des finances de la Ville de Paris où j'eus la responsabilité de gérer un budget de près de 20 milliards de francs, supérieur à celui de bien des ministères moyens. Période passionnante que j'évoque toujours avec émotion quand il m'arrive de participer au « pot » d'adieu d'un de mes anciens collaborateurs. Car, plus encore que les problèmes financiers que j'eus à résoudre durant cette période, l'animation d'une équipe composée de fonctionnaires qui, par leur compétence et leur dévouement, font honneur au service public, me donna les plus grandes joies.*

*J'ai parfois la nostalgie de cette vie professionnelle, sans doute moins excitante que la vie politique que je mène aujourd'hui, mais qu'après tout je reprendrais sans amertume si les aléas électoraux me ramenaient à l' « Inspection ».*

*Parisien ?*

*Je vis, c'est vrai, depuis près de trente ans à Paris. Je viens de rappeler qu'une partie de ma carrière professionnelle s'est faite au service de la Ville de Paris. J'aggrave mon cas...*

*Une fois encore, jouons franc jeu : j'aime Paris. Pourquoi le dissimulerais-je ? Quand j'ai rencontré cette ville, ce fut le coup de foudre.*

*Il m'a fallu attendre dix-huit ans. Car je suis né le 15 août 1945, à Mont-de-Marsan, chef-lieu du département des Landes. Lion en France, Coq en Chine. On me dit que l'ascendant peut tout changer. Je promets régulièrement d'interroger ma mère sur l'heure exacte de sa délivrance. J'oublie tout aussi régulièrement de le faire. Ultime rempart de l'inconscient contre la curiosité publique.*

*Mont-de-Marsan n'a guère changé depuis le temps de ma naissance. C'est toujours la même petite ville sans grâce, triste l'hiver, léthargique l'été. J'y ai des souvenirs de canicule. La porte de notre maison n'avait pas encore été remplacée par le ridicule assemblage de verre taillé et de fer forgé qui l'orne aujourd'hui. Elle avait deux battants de bois plein qui gardaient la pénombre et la fraîcheur. J'ai toujours eu beaucoup de mal à faire comprendre aux gens du Nord que le Sud n'ouvre pas volontiers ses maisons au soleil. Il s'en méfie. Même le Sud-Ouest. Quand, au mois de juillet, pendant les fêtes de la Madeleine, où l'on célèbre la sainte patronne de la ville en une sorte de bacchanale assez peu chrétienne, l'heure des corridas approchait, j'entrebâillais la porte prudemment, partagé entre la crainte que le feu du ciel ne me tombât sur la tête, et l'impatience du « paseo » qui, comme la messe, n'attend pas. Hormis deux bouts de rempart et le confluent paisible de deux ruisseaux qui ne jouent qu'avec leurs noms — Midou et Douze, ils forment la Midouze — Mont-de-Marsan n'a toujours rien trouvé, ni dans son histoire ni dans sa géographie, qui lui permette de figurer dans les guides. Après tout c'est bien ainsi. Je ne veux pas médire ; on y verrait du dépit.*

*D'ailleurs mon enfance y fut inconsciente et heureuse, avec la bonne dose d'ennui qui procure la vraie sérénité. Il y avait l'école, j'en ai parlé. Il y avait la famille : ma mère qui ne vivait que pour mes sœurs, mon frère et moi ; mon père qui s'occupait des « propriétés », comme on disait, c'est-à-dire des terres qu'il partait labourer souvent au petit matin, avant les grosses chaleurs. J'admirais, quand venait le printemps, le bronzage de ses épaules de rugbyman, car il aimait conduire le tracteur torse nu. Je l'accompagnais parfois dans les champs ou dans les métairies, pour aller chercher des œufs, un poulet, des asperges. Mais je restais, je l'admets, le petit garçon de la ville, pas très à l'aise avec les chiens de garde ou les vaches vagabondes.*

*Mon univers, c'étaient les livres et les disques. Je passais des heures à les choisir, dans les rayons de la Maison de la Presse. J'en demandais à chaque fête, à chaque anniversaire. Ma mère se fiait aux conseils de la libraire. Elle revint un jour avec un fort volume de la Pléiade :* Œuvres en prose *de Charles Péguy,* 1909-1914 (A nos amis, à nos abonnés ; Clio, dialogue de l'histoire et de l'âme païenne ; Notre jeunesse ; Victor-Marie, comte Hugo...). *J'avais treize ou quatorze ans. J'eus du mal... Je m'accrochai. Je fis du fameux parallèle de Péguy entre Corneille et Racine une mine inépuisable de citations pour mes dissertations, ce qui impressionna fort mon prof de français.*

*On ne coupe jamais ses racines. Paris fut pour le khâgneux, le normalien, le jeune fonctionnaire, Paris est toujours, pour l'homme d'âge mûr, source de mille bonheurs : j'ai aimé marcher, anonyme, dans les moindres recoins du quartier Latin ; voir trois films dans l'après-midi, après un « concours blanc » à Louis-le-Grand ; courir à Saint-Eustache entendre la Messe en si sous la baguette du Révérend Père Martin ; m'intoxiquer de cuisine grecque bon marché dans les troquets de la rue de la Harpe... Encore aujourd'hui, quand, de bonne heure, je traverse la Seine et que je vois le chevet de Notre-Dame dans cette lumière crue du ciel de Paris après l'orage, je me sens le cœur tout gonflé de volupté...*

*Et pourtant, chaque été, je reviens dans mes Landes. Dès qu'apparaissent les premiers pins, une sorte de paix s'installe en moi. L'animal retrouve son territoire. On me dit souvent que je suis long, sec, froid — les moins indulgents ajoutent « déplumé ». Je réponds : « Oui, comme un pin des Landes. »*

*Dernière tare, qui n'est pas la moins lourde par les temps qui courent : apparatchik !*

*J'occupe, c'est vrai, depuis 1988, le poste de secrétaire général du RPR, c'est-à-dire un poste d'apparatchik en chef... Ce n'est pas tout à fait par hasard ni par le caprice du Prince.*

*Quand je compare ma carrière politique à celle de certains « quadras » de mes amis, je me dis que je n'ai pas été le plus précoce.*

*Non pas que j'aie mis du temps à m'intéresser à la politique. Dès 1958 (j'avais treize ans), j'écoutais avec passion les émissions de radio venues d'Alger. D'emblée je fus fasciné par le général de Gaulle. Je découvrais brutalement son existence. Au lycée, nos cours d'histoire n'atteignaient jamais le* XX*e siècle (au point que je remis copie blanche à l'épreuve d'histoire du concours général qui portait sur les conséquences de la guerre de 14-18). Programmes trop chargés ! nous disait-on. Curieusement, à la maison, on ne parlait jamais politique. Mon père pourtant avait été résistant. J'ai appris depuis qu'il vouait à de Gaulle une fidélité à toute épreuve. Mais il ne fit jamais de prosélytisme.*

*J'eus donc la révélation du Général lorsqu'il revint aux affaires, comme on pouvait encore dire à cette époque...*

*Dès que je fus en âge de voter, je lui apportai mon suffrage. Et je ne changeai jamais de ligne.*

*Mais je ne m'engageai pas. Durant toute ma vie d'étudiant, je ne pris ni carte de syndicat, ni carte de parti. Quand je voyais mes camarades militer à l'UNEF ou au PC (rue d'Ulm, on n'avait guère d'autre choix, en ce temps-là), je devenais encore plus allergique à ce qui m'apparaissait comme un embrigadement.*

*Une fois entré à l'inspection des Finances, la tentation me vint. J'avais quitté la voie universitaire que m'ouvrait Normale parce qu'elle ne me conduisait pas vers les allées du « pouvoir ». La perspective d'entamer une longue carrière à la direction du Trésor ou du Budget pour atteindre, au bout de dix ans, le nirvana de chef de bureau commençait à me donner le bourdon.*

*Le hasard fit bien les choses. Ou, plus pompeusement... le destin frappa enfin à ma porte. C'était un jour de mars (ou d'avril ?) 1976 ; j'avais trente et un ans. Jérôme Monod, que je n'avais jamais rencontré mais dont je savais qu'il était directeur du cabinet du Premier ministre, me fit demander de passer le voir à Matignon le samedi suivant. J'appris bien plus tard que mon nom lui avait été soufflé par Jacques Friedmann, chef du service de l'Inspection quand j'y entrai. Je mis mon blazer neuf. Monod, concis et direct, me proposa de rejoindre son équipe pour aider à rédiger les discours de Jacques Chirac et travailler aux questions économiques. Je demandai, pour la forme, un délai de réflexion. Monod me donna vingt-quatre heures. J'acceptai... ce qui dénotait mon absence totale d'expé-*

*rience politique car tout Paris bruissait déjà des mauvaises relations entre le Président et le Premier ministre, qui devaient aboutir à la rupture deux mois plus tard. Je n'ai plus quitté JC depuis lors. Seize ans déjà !*

*Après Matignon, j'entrai au cabinet de Robert Galley, alors ministre de la Coopération. Mais, très vite, Monod, que Jacques Chirac avait chargé d'organiser le Mouvement qu'il venait de créer, m'aspira à ses côtés et me nomma « délégué national aux études » du RPR. Pour la première fois, j'adhérai à un parti. Je devenais un apparatchik. On me le fit sentir. Je décidai de faire mes preuves sur le terrain.*

*Tout naturellement je choisis la première circonscription des Landes dont le député sortant était socialiste. La bataille fut rude. J'échouai à 2 % près. On m'accabla sous les condoléances. J'hésitai à poursuivre une carrière politique pour laquelle je n'étais peut-être pas doué.*

*Nouvelle ruse du destin : ce fut Giscard qui me dissuada de renoncer... sans le vouloir, j'imagine. Je m'étais mis en effet à la recherche d'un poste administratif ; l'un de mes camarades de l'Inspection me proposa de lui succéder au Crédit national. J'acceptai. JC ne me retint pas. Toutefois, quarante-huit heures avant ma prise de fonction, Serisé, proche collaborateur du Président, me convoqua à l'Élysée et me tint un langage sans ambiguïté : « Vous êtes trop chiraquien ! Vous n'aurez pas ce job ! » Rétrospectivement, je lui suis très reconnaissant : sans cette forme atténuée de chasse aux sorcières, je serais aujourd'hui un banquier pontifiant.*

*En 1981, après que je me fus donné corps et âme à la campagne présidentielle de JC, on me promit « une circonscription en or massif ». Mais, comme chacun sait, « les promesses n'engagent que ceux qui les reçoivent ». Point d'or massif ni même de vulgaire métal... De dépit, je renonçai à être candidat aux élections législatives. Grave erreur. En politique, l'onction du suffrage est un point de passage obligé. C'est précisément ce qui distingue les apparatchiks des responsables. Instruit par l'expérience, à l'approche des élections municipales de 1983, puis des législatives de 1986, je choisis moi-même ma circonscription et m'y cramponnai contre vents et marées. C'est ainsi que je devins élu municipal puis député du 18e arrondissement de Paris. Ce qui n'est pas une sinécure...*

*Suis-je en train de raconter ma vie ? Ce n'est pas mon propos, même « à mi-vie » ou un peu plus.*

*Je souhaite simplement, étant ce que je suis, un peu moins technocrate, un peu moins parisien, un peu moins apparatchik peut-être qu'on ne croit, montrer ce que je fais, dire ce que je vis. En espérant ainsi faire un peu mieux comprendre ce que veut dire « faire de la politique ».*

*Les pages qui suivent ont été écrites au fil des jours. Je me suis pris peu à peu au jeu : mes notes sont plus abondantes en 1992 qu'en 1987. On s'étonnera de trouver parfois des mois entiers de silence. Emploi du temps trop chargé ? Motivation plus faible ? Sans doute les deux à la fois. Quoi qu'il en soit, je vous les livre. En vrac. A vous de juger.*

« C'est icy un livre de bonne foy, lecteur... Je veus qu'on m'y voie en ma façon simple, naturelle et ordinaire, sans contention et artifice... Ainsi, lecteur, je suis moy-mesmes la matière de mon livre : ce n'est pas raison que tu employes ton loisir en un subject si frivole et si vain. »

MONTAIGNE, *Essais.*

# 1987

*Mardi 8 septembre*

Comme l'année dernière à la même époque, Daniel Bouton, mon directeur de cabinet, me conseille d'aller, par courtoisie, présenter à Valéry Giscard d'Estaing le projet de budget qui va être soumis au prochain conseil des ministres. Un peu intimidé, le modeste ministre délégué chargé du budget que je suis va subir son deuxième examen de passage chez l'ancien président de la République, rue de Bénouville. Progrès sensible par rapport à 1986 : Giscard m'offre une tasse de thé... sans en prendre lui-même. Je fais un rapide exposé. Son verdict tombe, laconique : « satisfaisant ». J'en frémis d'aise... Avant que nous nous séparions, il m'interroge :

« Et vous, Juppé, qu'allez-vous faire pour la prochaine élection présidentielle ?

— Campagne pour Chirac bien sûr... »

Silence.

Il reprend : « Aucun des deux candidats actuellement probables n'est attendu. Ils sont respectés... mais il n'y a pas d'attente. » (Et pan !) « Il y a en France un électorat stable, de l'ordre de 40 à 45 %, qui vote pour le candidat de notre majorité, quel qu'il soit. Et au deuxième tour, on passe aisément de 40 à 51 %. Je suis parti de 27 et arrivé à 49 en 1981. Mais on ne remonte pas de 20-22 % à la majorité absolue au deuxième tour. Ou bien alors, l'un des deux candidats se détachera, l'autre s'effondrera... ce qui créera des rancœurs. Le pays — peut-être pas à Paris, mais dans ses profondeurs — veut et vote l'union. Il ne comprendra pas qu'il y ait deux campagnes concurrentes. »

Le message est clair : il faudra bien que, devant ce danger, les deux candidats s'effacent devant un troisième qui rassemblera : moi, VGE.

Illusion. Ni Barre, ni Chirac ne renoncera. Et VGE, même seul, ne fera jamais 40 %. Ne pas oublier Le Pen...

*Mercredi 16 septembre*

Mémorable conseil des ministres sur le projet de loi de finances pour 1988. Tout le monde politique ne bruit que de l'attaque en règle lancée par Mitterrand.

Dès qu'Édouard Balladur a terminé son topo, dans lequel il oppose le cercle vicieux des années 85-86 au cercle vertueux de 86-87, (mais avec quelles précautions oratoires !), le président monte en effet au créneau pour lancer en substance : « Mon expérience de parlementaire m'a appris qu'un gouvernement critique toujours l'œuvre de son prédécesseur. A l'automne 1976, M. Barre dénonçait avec vigueur la gestion de M. Chirac (le Premier ministre lève le nez de ses papiers et arbore un large sourire), puis M. Delors a dénoncé celle de M. Barre. M. Bérégovoy aurait sans doute pu faire de même avec M. Delors et aujourd'hui… Je prends cela avec philosophie… » Suit un long développement tendant à démontrer qu'en 1985, l'endettement de l'État français restait très inférieur à ce qu'on constatait en Allemagne, au Japon, en Grande-Bretagne, sans parler des États-Unis. Puis, quelques considérations sur le déficit : « Tantôt on le prône, tantôt on le condamne. » Enfin une agression en règle : « Je suis inquiet pour l'inflation et le commerce extérieur. » Ni Jacques Chirac, ni Édouard Balladur ne soufflent mot.

Dès la sortie du conseil, les journalistes s'agitent : « Il paraît que le président a fait sur le budget une intervention longue et très politique. »

Chaque mercredi, avant d'aller, en tant que porte-parole du conseil des ministres, rencontrer la presse, je prends les consignes du Premier ministre. Comme à l'habitude, elles sont à l'apaisement. Cette fois encore, mon commentaire est donc lénifiant : « Je n'ai entendu aucune critique sur le projet de loi de finances à proprement parler… Sur le reste, j'ai cru comprendre que le président de la République regrettait le bon vieux temps d'avant 1986, ce qui, somme toute, est bien normal. »

A 13 heures, tombe le communiqué de l'Élysée reproduisant les critiques présidentielles sur l'inflation et le commerce extérieur. Le coup était bien monté. Il occulte complètement mon compte rendu sur le succès du référendum en Nouvelle-Calédonie.

*Jeudi 17 septembre*

Je suis l'invité de Jean-Pierre Elkabbach sur Europe 1. Je tiens la forme. Puis je pars pour Bruxelles, où se réunissent les douze ministres du Budget de la Communauté. Débat non stop jusqu'à 5 heures 30 vendredi matin. L'entêtement des Britanniques n'a d'égal que la pugnacité de la présidence danoise. Mais aucun accord n'est conclu. Les thèses en présence sont trop éloignées. Pour des raisons opposées, la Grande-Bretagne et l'Espagne ne veulent manifestement pas d'accord. Je suis en totale concordance avec Tietmayer, le ministre allemand, mais ça ne suffit pas.

*Lundi 21 septembre*

De 9 heures à 11 heures, visite de l'usine Peugeot à Poissy. Notamment l'atelier de tôlerie, entièrement robotisé : 1,3 milliard de francs d'investissement. Il ne faut plus que 60 heures pour faire une 309, contre 120 il y a quelques années. Delpont, le préfet, me dit : « Tu devrais serrer la main de quelques ouvriers. » Je réponds : « Où en vois-tu ? »

*Jeudi 22 octobre*

Je quitte la maison à 7 heures 30 pour Vélizy. Une heure de Glam avec Jacques Boyon, secrétaire d'État à la Défense, jusqu'à Genève. Traversée de la ville, au petit trot derrière les motards (attention exceptionnelle, me dit-on, des autorités suisses)... qui sont aux motards français ce que les bœufs de labour sont aux taureaux de combat.

Annemasse : cérémonie officielle en l'honneur du douanier Robert Bouvier et du gendarme Christian Joly tués à la frontière par deux terroristes italiens. Boyon et moi représentons le gouvernement, lui comme responsable de la gendarmerie, moi comme patron de la douane. Dur, dur. Mon cœur bat la chamade. Il faudra que je m'endurcisse. La vue des familles bouleversées — jeunes femmes, jeunes enfants — me fait monter les sanglots dans la gorge. J'ai du mal, en ces circonstances, à trouver les mots convenus. Bref passage à l'hôpital de Genève pour réconforter le douanier blessé. Il s'en tirera.

*Mardi 15 décembre*

J'achève la lecture du *Livre des nuits* de Sylvie Germain. Une histoire toute pleine de naissances et de morts, scandée par les cataclysmes de notre temps. Les guerres de 70, de 14-18, de 39-45, autant d'apocalypses avec leur gradation dans l'horreur : du coup de sabre du uhlan à la boue du Chemin des Dames, pour culminer dans le feu des nazis exterminateurs. Une prose qui vous prend aux tripes. A la fois heurtée, faite d'alliances de mots souvent déroutantes, mais qui coule, enveloppe, pénètre comme les canaux et les fleuves de la première des nuits, la nuit de l'eau. Une poésie qui sourd à chaque page d'un imaginaire pléthorique, tantôt poésie toute naturelle des êtres, des paysages, des fleurs, tantôt poésie fantastique et terrifiante comme ces larmes transmuées en perles qui composent un collier de souffrance à Victor, le héros, comme cette veuve enfin grosse qui accouche d'une myriade d'insectes. Et surtout la violence omniprésente, sans cesse renouvelée. Obsession du sang, violence de la mort, des morts qui se succèdent jusqu'à l'écœurement. Mais plus encore, violence de la vie, incarnée dans Victor Flandrin, dit Nuit d'Or Gueule de Loup, monstre d'homme, affamé d'amour, qui prend femme sur femme dans une sorte de frénésie blasphématoire contre le sort qui s'acharne à le faire grand procréateur devant l'Éternel dont il nie farouchement l'existence, géniteur d'êtres difformes et d'âmes tendres et transparentes, chêne puissant que la foudre dépouille peu à peu, mais que le dénuement grandit davantage à chaque malheur. Livre magnifique, séisme charnel et spirituel qui vous laisse pantois, oscillant entre l'horreur et l'acte de foi.

# 1988

*Samedi 7 mai*

Il est 17 heures 30, c'est la veille du second tour des présidentielles. Une ultime réunion se tient à Matignon chez Jacques Chirac. Sont présents autour du Premier ministre : Édouard Balladur, Charles Pasqua, Roger Romani, Jacques Toubon, Philippe Séguin, Michèle Barzach, Maurice Ulrich, et moi. Il s'agit de préparer les commentaires que nous ferons demain soir à la télévision après la proclamation des résultats. Nous savons que les jeux sont déjà faits. Les derniers sondages ne sont pas brillants : 55 % pour Mitterrand. Chirac est impénétrable. Il nous dit en substance : « Nous avons perdu pour plusieurs raisons. Deux candidats de la majorité, c'était absurde ; nous avons dérivé vers le centre (!) ; nous avons eu un langage trop technocratique. La droite est maintenant cassée en deux : Le Pen avec 15/20 % ; nous avec 25/30 %. Si nous ne recollons pas les morceaux entre nos électeurs, c'est cuit pour trente ans. Vis-à-vis de Le Pen lui-même, il y a désormais deux stratégies possibles : alliance ou confrontation. Chacun connaît mon point de vue. Mais il faut en délibérer entre nous. »

S'ensuit une longue discussion.

Séguin : « On ne pourra pas s'en tirer en disant que nous allons délibérer sur le problème Le Pen. Car on nous répondra : cela signifie que vous n'excluez pas de faire alliance avec lui. Vis-à-vis de Mitterrand, il ne faut pas apparaître comme « mauvais joueur » en annonçant que, forts de la majorité que nous détenons toujours à l'Assemblée nationale, nous allons censurer immédiatement le gouvernement qu'il va nommer. »

Je fais remarquer « qu'en neuf mois, le nouveau gouvernement peut s'effilocher... mais notre majorité parlementaire aussi. Si Mitterrand hésite à dissoudre, c'est que la dissolution n'est pas forcément bonne pour lui... ni mauvaise pour nous. Je suis d'accord pour ne pas brûler les étapes, mais ne traînons pas trop. Je souhaite en tout cas que nous ne fassions pas d'alliance avec Le Pen. Notre intérêt est de bien marquer notre différence ».

Édouard Balladur reste silencieux tout au long de la discussion.

Romani craint que, si je proclame à la télévision : « Jamais d'alliance avec Le Pen », je ne braque la grande majorité de nos députés et sénateurs qui hésitent encore sur la conduite à tenir.

Sortie de Jacques Toubon : « Si Le Pen monopolise l'opposition à Mitterrand, ce sera la déroute pour Jacques Chirac. »

Je répète que nous n'échapperons pas au choix : « Alliance ou confrontation. »

Pasqua fait la synthèse : « Désormais, bien que majoritaires à l'Assemblée, nous sommes l'opposition, une opposition résolue au socialisme. Que fera François Mitterrand ? Du socialisme dur ou du socialisme mou ? Nous aviserons en fonction de son attitude.

Nous ne ferons pas d'opposition systématique, mais nous n'accepterons aucune compromission. Quant au Front national, Le Pen, par ses attaques contre Jacques Chirac, a fait élire François Mitterrand. C'est désormais à lui de se déterminer, pas à nous. Est-il dans l'opposition ? Va-t-il continuer à faire élire des socialistes ? C'est à lui qu'il faut poser la question. Pour ce qui nous concerne, nous allons réfléchir à la manière de mieux répondre aux préoccupations de tous nos électeurs pour les rassembler. »

J'approuve cette analyse et m'en inspire pour préparer le commentaire que je ferai demain à la presse. Ce sera ma dernière intervention de porte-parole du candidat Chirac : « La vie politique est faite de succès et d'échecs. Dans les deux cas, il faut savoir faire face. Je suis fier d'avoir appartenu à ce gouvernement, parce qu'il a bien travaillé. La France est aujourd'hui en meilleure situation qu'il y a deux ans. C'est évident pour l'économie (chômage, inflation, entreprises...) Nous avons réussi mais nous n'avons pas convaincu. Dès demain, nous ferons notre devoir d'opposition. Une opposition unie, une opposition pragmatique, mais une opposition résolue car le socialisme ne vaut rien de bon. Nous ne savons pas ce que va faire M. Mitterrand. Socialisme dur ? Socialisme mou ? Nous jugerons aux actes. Nous combattrons tout ce qui sera contraire à l'intérêt national et à nos convictions. S'il y a de bonnes initiatives, nous en prendrons acte. Notre attitude vis-à-vis du Front national ? Nous avons répondu cent fois à cette question, sans varier. La balle est maintenant dans le camp de M. Le Pen. En combattant violemment le gouvernement depuis deux ans, en attaquant sans relâche Jacques Chirac pendant la campagne électorale, Le Pen a objectivement contribué à l'élection d'un président socialiste. Va-t-il continuer ? C'est lui qu'il faut interroger. »

*Mardi 10 mai*

9 heures du matin. Je voudrais commencer ici la chronique de mes années d'opposition. J'espère tenir cette résolution mieux que je ne l'ai fait durant mes deux années de gouvernement. Je suis dans « mon » bureau vert et or de ministre, débarrassé de tout dossier et de tout objet. Le déménagement est achevé. Dans quelques heures, j'accueillerai mon successeur. Je me sens, d'un seul coup, plus libre. J'étais presque léger en venant à pied ce matin, sous les arcades de la rue de Rivoli. Les bruits du chantier du grand Louvre m'arrivent estompés. L'éditorial de Philippe Tesson résume parfaitement ma pensée : « Une seule voie pour la droite : le refus d'un double compromis, le marchandage avec l'extrémisme de droite et la collaboration avec la gauche. »

Hier soir, après la réunion des ministres RPR à Matignon, Pasqua m'a confié : « Toubon doit quitter le secrétariat général du RPR. Mais après les élections législatives pour laisser assumer à l'équipe sortante le poids de la défaite (… ou de la victoire ?). Édouard Balladur n'est pas fait pour prendre la présidence du Mouvement. Chirac doit attendre. Si la stratégie d'union marche, il n'a pas intérêt à conserver la présidence. Séguin veut le secrétariat général mais il sait que je suis le maître du jeu. J'ai poussé pour que tu sois porte-parole de notre candidat. Tu sors valorisé de cette campagne. Je pousse maintenant ta candidature au secrétariat général. »

Conclusion personnelle : je n'ai pas intérêt à brusquer le mouvement par des initiatives intempestives. Un peu de recul me fera beaucoup de bien, à condition que j'affirme clairement ma ligne : le refus du double compromis.

*Jeudi 19 mai*

Depuis plusieurs jours, la politique est telle qu'elle m'écœure.

L'injustice : la presse découvre (ce qu'elle savait) que la seule condition acceptée par le gouvernement de Jacques Chirac pour obtenir la libération de Kauffmann, Carton et Fontaine a été le rétablissement de nos relations diplomatiques avec l'Iran. Que de procès d'intention ne nous avait-elle pourtant pas faits dans la semaine qui a précédé le 8 mai !

L'entêtement destructeur : celui de Raymond Barre qui prévoit une majorité « pas écrasante mais suffisante » pour François Mitterrand. Est-ce l'amorce d'un ralliement ? Joue-t-il contre son propre camp ? Je crois plutôt qu'il va jusqu'au bout de sa logique : de même qu'il était contre la cohabitation en 1986, il reste contre aujourd'hui... Ce qui implique que Mitterrand dispose d'une majorité « suffisante » pour le soutenir !!! CQFD. Logique jusqu'à l'absurde.

Et puis surtout, la faiblesse de caractère.

Le spectacle que donnent les centristes est navrant. Ils veulent reconquérir le centre ? Mais le centre n'est qu'un point. Je comprends bien la nécessité d'être tolérant, ouvert, rassembleur. Mais pour quoi faire ? Personne ne pose, et ne se pose la question. Méhaignerie va jusqu'à refuser, dans la déclaration constitutive de l'URC (Union du rassemblement et du centre, constituée en vue des élections législatives), la mention, au nombre de nos principes communs, de « l'amour de la Patrie et de la fierté nationale », au motif qu'il ne faut pas marcher sur les plates-bandes d'autrui (sous-entendu : du Front national).

Renversant !

# 1989

*Dimanche 4 mars*

19 heures 30, « 7 sur 7 », Anne Sinclair reçoit Constantin Costa-Gavras. Reportage, en forme de coup de poing, sur des jeunes communistes qui y croient encore. Je les entends affirmer, péremptoires : « Seul le PC lutte contre l'injustice. » Terrifiant !

Mais les réactions autour de moi sont tout aussi dérangeantes : « Le PS, devenu d'abord et avant tout gestionnaire, comme dit Costa-Gavras, n'a plus rien à apporter aux jeunes. Et vous, qu'attendez-vous ? Êtes-vous capables de saisir cette chance ? »

Je me dérobe. Touché. Oui, ai-je encore quelque chose à dire à ces jeunes ? Ou plus exactement, ai-je encore envie de leur dire quelque chose ? Ne suis-je pas, moi aussi, devenu gestionnaire ? J'ai de plus en plus le sentiment d'être bouffé par les tâches du quotidien. Le 18e arrondissement et ses permanences, la Ville et ses parapheurs, le RPR et ses audiences.

Je me jette, pour compenser, sur le livre de Jacques Julliard : « Ce que des esprits naïfs prennent pour la fin de l'histoire n'est en réalité que la fin d'un cycle... C'est la phase finale du cycle totalitaire et le retour au libre arbitre des individus et des peuples... » Il y a beaucoup à prendre dans *le Génie de la liberté.*

*Lundi 5 mars*

Vu, la semaine dernière, *Music Box* de Costa-Gavras et *Crimes et délits* de Woody Allen. De l'intrigue de *Music Box,* on a tout compris au bout d'un quart d'heure : la belle avocate (Dieu que Jessica Lange...) fera acquitter son nazi de père et découvrira au dernier moment qu'il est bel et bien coupable. Mais c'est de la belle ouvrage, bien ficelée, du travail de grand « pro ».

L'entrecroisement des deux films en un qu'est *Crimes et délits* m'est en revanche resté impénétrable, jusqu'à la dernière phrase. J'essaye de traduire à ma manière : la réalité n'est pas tragique, simplement « moche » ou dérisoire ; on peut y assassiner sa maîtresse quand elle devient encombrante, puis reprendre la routine d'une vie bourgeoise ; un peu plus de whisky suffit à noyer le remords ; le crime est parfait, si parfait que la vie peut rester nulle. Le génie au contraire ne produit que des actes imparfaits. Il est brouillé avec la réalité. Échec professionnel, échec sentimental : la vie ne sourit qu'aux médiocres, se dit Woody... A moins d'en faire un film, qui la rend tragique ou comique mais en tout cas non nulle. C'est trop compliqué, trop pensé, trop subtil, trop construit. Bref, artificiel. Et ça se voit. Là où le métier de Costa-Gavras disparaît derrière la simplicité et la force de son argument, Woody Allen rate le chef-d'œuvre par excès d'intelligence, ou étalage d'intelligence. Reste les moments de rire : la mine de chien battu du petit juif new-yorkais, injustement malmené par la vie, ça marche encore à tous les coups.

*Vendredi 9 mars*

J'éprouve tous les symptômes d'une immense indigestion. Je me sens comme un entonnoir où chacun vient déverser ses rancœurs, ou comme la reine dans sa ruche, prisonnière de l'affection de ses abeilles. Les disputes m'exaspèrent : ici, ses anciens adjoints veulent se débarrasser du maire battu. Là, les candidats potentiels au poste de secrétaire départemental font, à tour de rôle, le chantage à la démission. Jusque dans mes propres équipes, on nourrit des querelles lilliputiennes, pour jouer les importants et se rappeler à mon attention.

J'hésite à couper les têtes, puisque je dois plaire à tout le monde. Il n'empêche qu'on continuera à me reprocher mon ton cassant, mon manque de chaleur, mon déficit de convivialité. Fichtre ! si je donnais libre cours à mes pulsions... Et puis qu'importe ! Je suis comme je suis. Qui m'aime me suive. Et si je me retrouve seul, ah ! le confort douillet de ma coquille !

*Mardi 25 juillet*

A Strasbourg, pour la session du Parlement européen où je viens d'être élu. Devant la cathédrale, sentiment d'accablement. Une telle merveille de puissance, de raffinement, de foi... dans un monde qui me fait de plus en plus l'effet d'une fourmilière désorientée, sans code ni règle. Déchristianisation galopante. Dès lors, quel sens a la cathédrale ? Témoin gênant qui nous dit : « Qu'as-tu fait de... ? » On connaît la question. Silence tumultueux en réponse.

*Mardi 29 août*

Une formule à retenir, entendue à l'université d'été des jeunes giscardiens à Saint-Malo : « La France... la nature l'a faite belle, et l'histoire l'a faite grande. »

*Lundi 4 septembre*

La vraie reprise, la vraie rentrée. Un bon point pour moi : l'article de Catherine Pégard dans *Le Point* (« Un présent radieux, un avenir prometteur »). Elle conclut avec bon sens : « Il est long de naître en politique. »

Un mauvais point : – 5 % dans le Baromètre du *Figaro Magazine.* Pourquoi ? Mystère... VGE subit, lui, une perte de 12 points. Serions-nous solidaires, depuis notre campagne commune pour les dernières européennes ?

A ma permanence, rue Caulaincourt, je renoue avec le 18e. Chaque fois j'ai un peu d'appréhension. N'ai-je pas été trop longtemps absent ? Ne va-t-on pas me le reprocher ?

A l'Hôtel de Ville, nous travaillons au prochain discours de Chirac devant les jeunes RPR-PR. Il ne pourra se borner à une exhortation à l'union. Je l'aurai fait en parlant avec lui. Il faut qu'il se situe sur le terrain des idées et de la France : une France forte (la liberté, source de toute croissance économique) ; une France juste (la notion de progrès opposée à la notion de partage) ; une France qui soit elle-même.

Je n'ai plus envie de faire à la fois ses discours et les miens.

*Dimanche 10 septembre*

Bilan des universités d'été qui viennent de se tenir à Saint-Cyprien, près de Perpignan.

Notre campagne d'affichage me donnait des angoisses. Le slogan choisi était audacieux : « Le RPR est ouvert toute l'année. » L'accueil de la presse est plutôt bon, celui des jeunes aussi. Jacques Chirac n'a pas soufflé mot. Attendons les critiques des hiérarques.

Samedi, le discours de JC (belle tête bronzée, tenue « crooner » comme dira *Libération :* chemise Lacoste noire, veste en lin beige) me désarçonne un peu. Pourquoi dit-il explicitement qu'au Liban, « il n'y a rien à faire » ? Cette affirmation choque les jeunes ; elle risque de désespérer tous ceux qui, à Beyrouth, attendent tant de la France.

Pourquoi dit-il, aussi, que la Chine ne sera jamais une démocratie parce que, depuis les dynasties les plus anciennes, la démocratie n'est ni dans son histoire ni dans sa culture ?

Malgré les précautions oratoires qu'il prend tout de suite après (« Bien sûr, nous soutenons les étudiants chinois dans leur combat pour la liberté »), ne va-t-il pas donner l'impression de banaliser la répression ? Et même de justifier la réaction des dirigeants chinois, comme Alain Peyrefitte le fait trop volontiers ?

Décidément dans ces questions internationales et de droits de l'homme, je n'arrive pas à me faire complètement à la Realpolitik. Je n'ai pas vraiment envie de renoncer à tout enthousiasme et à toute générosité, fussent-ils naïfs.

*Lundi 11 septembre*

Séjour à Strasbourg pour la session mensuelle du Parlement européen. Je n'arrive pas à prendre au sérieux cette assemblée qui examine successivement une résolution sur les libertés des transsexuels et une résolution sur les normes applicables aux machines agricoles !

*Mardi 12 septembre*

Toujours à Strasbourg. Je lis dans *Le Figaro* un article courageux du Dr H Giraud, neuropsychiatre, sur la drogue. Il faut absolument, explique-t-il, combattre la propagande qui commence à mordre dans les médias et peut-être dans l'opinion : tant que l'appât du gain est si fort, prétendent certains, il est impossible de supprimer le trafic, à la production comme à la consommation. Toute prohibition est vouée à l'échec. Il faut donc dépénaliser, mettre en vente libre et les cours s'effondreront. Ce raisonnement, affirme Giraud, est spécieux. Il demande : « Est-ce qu'un seul gouvernement responsable laisserait le cyanure de potassium en vente libre ? » En outre, toutes les expériences de dépénalisation sont un échec. Les Hollandais ne veulent pas le reconnaître. Les Espagnols ne savent plus comment s'en sortir.

Dans le même numéro du *Figaro*, je remarque un article d'Annie Kriegel sur le fiasco de la France au Liban. Elle a raison. Mais devant l'indifférence des Américains et des Européens et le soutien russe à la Syrie, que peut faire la France ? Reconnaître qu'il n'y a rien à faire ? N'est-ce pas briser sur place le dernier ressort d'énergie et d'espoir ?

Même si Mitterrand s'épuise en gesticulations inutiles, devons-nous nous déchaîner contre son échec ? Grave question. Conflit entre deux formes de responsabilité : celle qui nous commande d'éviter la surenchère du « n'y a qu'à », celle qui nous pousse à maintenir l'espérance des Libanais en montrant que nous ne nous résignons pas à l'échec et qu'il y a peut-être encore quelque chose d'autre à faire. Dilemme...

*Jeudi 5 octobre*

Lassitude. Après un mois d'euphorie où je me sentais invincible, porté par le succès des universités d'été, puis les journées parlementaires et l'accueil qui m'y fut fait, voici que je doute à nouveau.

L'affaire de la motion de censure sur la programmation militaire est mauvaise pour nous. On nous reproche d'avoir voulu torpiller l'intergroupe en la déposant sans prévenir nos partenaires de l'UDF. Ce n'est pas si simple. L'utilisation qu'en font les centristes est indécente — je dirai publiquement « inamicale ». Car enfin, peut-on me donner une seule raison de fond de ne pas déposer cette motion de censure ?

La faible chance de la voir adoptée ? Mais alors il faudrait renoncer à toute tentative de censure tant que l'opposition n'est pas... majoritaire !

L'insuffisance de notre argumentation sur la baisse des crédits militaires ? Tout le monde, à l'UDF comme au RPR, est d'accord pour dénoncer la gravité du choix gouvernemental.

Que reste-t-il ? La peur d'être en porte à faux par rapport à l'opinion publique ? Qui osera avancer cet argument, s'agissant de la défense nationale ! La peur de déplaire à Matignon ? Alors il faut le dire et tout sera clair.

En tout cas, le procès d'impérialisme fait au RPR est insupportable et risque d'avoir des conséquences graves sur l'union de l'opposition.

*Jeudi 2 novembre*

Lu d'une traite, avec fébrilité, *La Chambre andalouse* d'Anne Bragance dont je n'avais jamais entendu parler. Langue étrange, heurtée, forte, rapide. Et surtout, violence du drame dans les Maremmes andalouses (Marisma, me dit ma sœur Martine, grande amoureuse de l'Espagne), à l'embouchure du Guadalquivir. Une histoire de taureaux et de sang, d'amour, de corps à corps, de passion qui tue. Étrangeté terrifiante de ce lit d'agonie, avec deux jeunes êtres quasiment crucifiés à chaque montant.

Pourquoi ai-je éprouvé tant d'enthousiasme à cette

lecture ? Besoin de passion, de chair, de feu, d'excès, de flamboiements dans une vie dont je répète — pour me convaincre — qu'elle est drôle, remplie, passionnante. Mais dans un monde sage, qui s'ennuie. « Ma drogue à moi, c'est partir, voyager, découvrir », ai-je dit à Bouton Blanc (spot TV contre la drogue). Nous avons tous besoin de drame, de trompettes qui tonitruent, de révolutions qui chambardent, de rencontres qui détruisent, de corps qui tremblent... Et nous prions le ciel que rien de tout cela n'arrive.

*Jeudi 16 novembre*

Berlin. 20 heures. Porte de Brandebourg, côté Ouest. Une petite foule dans le froid sec. Les caméras de télévision du monde entier sont en batterie. Elles attendent la chute du mur, annoncée depuis le 9 novembre dernier. Une barrière métallique, toute symbolique, maintient les badauds à distance. La police nous laisse franchir la barrière et nous allons, Alain Madelin et moi, toucher le mur, presque religieusement. Le grain du béton sous les doigts est lisse. Il est entièrement recouvert de graffitis très colorés. Nous mettons la main dans les premières brèches. Au retour, en deçà de la barrière, quelques jeunes Allemands, quelques Français aussi qui nous ont reconnus, viennent à notre rencontre, avec de grands sourires.

Checkpoint Charlie, il est 22 heures. Peu de monde. Les formalités sont réduites à leur plus simple expression. Un vopo nous fait signe qu'il est interdit de photographier. Nous persévérons. Il se détourne pour ne pas voir. Inimaginable en mai dernier, quand j'avais franchi la ligne au même endroit, dans un véhicule militaire, toutes vitres fermées.

23 heures, porte de Brandebourg, côté Est. Le no man's land entre la foule et le mur est ici beaucoup plus large. La présence policière est encore dense mais bonne enfant. Nous discutons, par le truchement des Français de Berlin qui nous accompagnent, avec de jeunes soldats. Le visage de l'un d'entre eux est hilare. Je lui demande pourquoi. Il me répond avec enthousiasme : « Demain, pour la première fois de ma vie, je vais à l'Ouest. »

Lorsque nous franchissons à nouveau Checkpoint Charlie, nous entendons des coups sourds résonner dans la nuit. Nous nous rapprochons : une famille tout entière, marteau et pic à la main, détache des morceaux du mur. Nous lions conversation. Ils sont de Hambourg. Question de la mère de famille, une quadragénaire blonde au joli visage : « Pourquoi avez-vous peur de nous ? »

# 1990

*Mercredi 10 janvier*

Mes quarante-huit heures de vérité.

Depuis des semaines, je prépare les Assises du RPR, qui doivent avoir lieu en février prochain. Après la fronde des « rénovateurs » au printemps dernier, j'ai entrepris de démocratiser le fonctionnement de nos instances. J'ai emprunté au parti socialiste la notion de « courants » qui était jusqu'ici étrangère à notre culture politique et même tabou chez les gaullistes, épris de l'idée de rassemblement. J'ai mis au point une réforme de nos statuts qui prévoit l'élection de la plupart de nos responsables de la base au sommet, à l'exception de nos secrétaires départementaux : ils doivent rester à mes yeux des sortes de « préfets » représentant le « pouvoir central ». J'ai ouvert un débat de fond dans toutes les fédérations départementales et au sein de la direction nationale. La mayonnaise a commencé à prendre : une dizaine de courants se sont constitués, celui de Carignon qui porte le beau nom de « Vie », celui de Jean-Yves Chamard, député de Poitiers, intitulé « Vitamines », plus sérieusement celui de Franck Borotra, fidèle porte-parole de Pasqua, celui des rénovateurs avec Séguin, Noir, Pinte, Fillon... La tendance majoritaire a aussi tenté de s'organiser autour de Jacques Toubon, Dominique Perben, Nicolas Sarkozy, Michèle Alliot-Marie... A l'approche des Assises, une dizaine de motions ont été déposées devant le conseil national. C'est pour en faire la synthèse que j'ai constitué un groupe « multicourants » qui s'est réuni à plusieurs reprises au mois de décembre. J'ai mis toute ma diplomatie, toute ma bonne volonté à rapprocher les thèses en présence. Je veux de toutes mes forces aboutir à cette fameuse « synthèse ». Nouvel emprunt au vocabulaire socialiste ! Je la sens à notre portée, pour peu que chacun y mette du sien. Les différences entre nous sont plus formelles que réelles.

Avant de partir en vacances au Yémen, j'ai rassuré JC. Il reste sceptique. Son flair l'avertit que Pasqua prépare quelque chose.

Lundi 8, je rentre de Sanaa, la tête pleine d'images et vide de soucis. Premier coup de téléphone : Pasqua précisément. Il me confirme qu'il reste prêt à jouer le jeu de la synthèse. Pas un mot susceptible de me mettre la puce à l'oreille.

Mardi 9, dernière réunion de notre petit groupe. Nous devons conclure nos travaux en adoptant un texte commun. Séguin quitte la rue de Lille vers 11 heures, plutôt « convivial ». Il a fait une intervention assez mesurée, et laissé la porte ouverte : « Peut-être faut-il que le débat se poursuive entre nous... » Pas un mot non plus sur ce qui se prépare.

Une heure plus tard, coup de tonnerre. On m'apporte une dépêche de l'AFP : Pasqua et Séguin annoncent qu'ils s'allient pour créer un « nouveau rassemblement », et déclarent la guerre à la direction du RPR. Je tombe des nues. Sentiment de révolte : tous ces efforts pour rien, des heures de discussion en pure perte ! Et surtout, la dissimulation chez ceux qui m'ont mené en bateau pendant plus d'un mois ! Dans l'instant mon téléphone sonne : c'est Jacques Chirac qui vient de recevoir une lettre de Pasqua l'informant de son initiative. Nous sommes lui et moi stupéfaits. Rien ne nous avait laissé prévoir une telle alliance. Les bornes sont franchies. Et demain, ils nous reparleront du « compagnonnage » !

Dès 15 heures je suis dans le bureau de JC à l'Hôtel de Ville. Ma réaction est brutale et mon langage direct : à travers moi, c'est évidemment Chirac qui est visé. « Nous nous battons solidairement ou je m'en vais. » Balladur qui est présent soutient le même point de vue. JC n'hésite pas une seconde et nous mettons au point la contre-offensive : dès samedi, réunion des secrétaires départementaux à Paris, puis, dans la foulée, tour de France de nos fédérations. C'est la bagarre.

*Mercredi 30 mai*

Voyage à Plovdiv pour soutenir l'UDF. L'Union des Forces démocratiques (UDF en bulgare) est en campagne. Giscard et Chirac avaient promis de participer à deux grandes réunions publiques. Ils viennent de se désister. Je suis commis d'office. Avec le petit avion privé qui nous emmène, Michèle Alliot-Marie, Pierre Lellouche, quelques journalistes et moi, il faut deux heures de vol. L'aéroport est sinistre. Les formalités douanières s'éternisent. La glaciation communiste sévit toujours. Mais quand la porte qui sépare la zone de transit du hall d'accueil s'ouvre, la joie qui se lit sur les visages de Julio Jelev, président de l'UDF, et de la délégation qui l'accompagne nous réchauffe d'un coup.

Traversée de la banlieue, triste à mourir. La deuxième ville de Bulgarie est un centre industriel important ; on y trouve un grand nombre d'usines métallurgiques et chimiques. La pollution y atteint des niveaux records. En plein mois de mai, les arbres sont noirs et rachitiques. La crasse est partout. La défense de l'environnement, me confie Jelev, est un des thèmes principaux de la campagne de l'UDF. A Berlin-Est comme à Budapest, à Moscou comme à Plovdiv, la même réalité saute aux yeux : le communisme et le sous-développement sont un désastre pour l'écologie.

Visite au QG des Forces démocratiques. C'est plus petit que ma permanence du 18^e^ arrondissement. Ils manquent de tout : papier, photocopieuses, matériel d'affichage...

Avant le meeting qui doit se tenir sur la grand-place de la Plovdiv moderne, nous volons un quart d'heure au programme officiel pour admirer les restes de l'antique Philippopolis. Beau théâtre.

18 heures : plus de 10 000 personnes nous attendent dans la grisaille. Discours des leaders bulgares. Discours des hôtes français. Chacun de nous trois prend la parole. Les gens scandent inlassablement : « Démocratie ! Démocratie ! » Clameurs quand je cite le nom du général de Gaulle. Au moment où la pluie commence à tomber, la poétesse bulgare qui est au micro lance cette belle phrase : « Chaque goutte de pluie est une goutte de liberté. »

Nous quittons la tribune ; la foule nous entoure sur le chemin qui nous ramène à nos voitures. Un homme d'une soixantaine d'années, belle trogne d'ouvrier, me prend les mains et me dit en mauvais français : « S'ils nous envoient les chars, vous nous aiderez, n'est-ce pas ? » Budapest 1956, Prague 1968, cela nous paraît si loin... Pas aux habitants de Plovdiv.

Détente dans l'avion du retour. L'équipage nous commente le plan de vol. Nous mettons le cap sur le nord de l'Italie. Déclic : « Si nous passons au-dessus de Venise, pourquoi ne pas nous arrêter ? » Je suggère l'idée au pilote, qui m'objecte la difficulté d'improviser. Les places de parking sur l'aéroport de la Sérénissime sont rares, me dit-il. Je m'assoupis, résigné. Au bout d'un quart d'heure, je sens que nous perdons de l'altitude. Nous allons nous poser. Bonheur !

Il est 20 heures passées. Le soleil se couche à peine. Le ciel est rouge. La barque nous conduit à travers la lagune. Nous descendons le Grand Canal dans la splendeur du crépuscule. Place Saint-Marc, j'exulte. J'entraîne ma petite troupe à l'aventure à travers *via, campo, piazza, calle, fondamenta, riva, sottoporteggo...* J'y passerais la nuit... Mais le pilote a été formel. Il faut redécoller avant minuit. Arrachement !

*Dimanche 1er juillet*

Avons-nous l'histoire que nous méritons, ou que nous aurions méritée ? Cette question me vient à l'esprit en lisant le *De Gaulle* de Régis Debray. N'est-il pas plus facile d'avoir du génie le 18 juin 40, dans la débâcle et l'effondrement d'un monde, que dans la crise pétrolière de la décennie 70 ?

Ou plus exactement n'est-il pas plus facile au génie de se donner libre cours ? On fait vibrer les peuples en les appelant à secouer le joug de la dictature plus qu'en livrant bataille contre le chômage. Dans une certaine mesure, la génération des Walesa, des Havel... a, avec l'histoire, le rendez-vous que la nôtre, en France, n'a pas eu. Comment faire du sublime avec du quotidien ? Aurons-nous notre chance ? Serons-nous sacrifiés à ce qui serait alors la « fin de l'histoire » ? L'Europe aura-t-elle encore besoin de héros ? Les intellectuels ont un peu les mêmes problèmes que les politiques. Cette phrase, page 47, à propos de De Gaulle : « Il savait que l'urgent passe par le téléphone et l'important par l'écriture. »

*Mardi 28 août*

Venise dans tous ses états.

Venise blanche, suffoquant sous la brume.

Venise noire, au retour de Torcello, le long de la Riva degli Schiavoni. Ciel encore illuminé de gigantesques éclairs ou de phosphorescences.

Venise pure et colorée, au matin, après l'orage, le vent agitant la lagune et le Grand Canal devenu soudain vert, sous le ciel d'un bleu vif. Dans une couronne de gros nuages blancs, les façades du Grand Canal, de la Piazetta, de la Riva, ont des teintes contrastées, presque pimpantes, lavées de frais.

Ultime Bellini au Florian. Nous sommes dans l'ombre. Il fait très frais. Calme. Beauté calme et revivifiée après une longue période de touffeur. Cette année, j'ai découvert : San Lazzaro degli Armeni — un peu décevant faute de messe, simple île de paix — ; les jardins de la Fondation Cini — superbe îlot de verdure

— ; le campanile de San Giorgo Maggiore, la plus extraordinaire vue sur Venise : aux quatre points cardinaux, le Lido, la Giudecca, le Grand Canal, Saint-Marc...

*Lundi 1er octobre*

Projet : tenir mon journal jusqu'aux prochaines élections législatives au printemps 93. Deux années où je joue gros. En cas de victoire, c'est le retour aux « affaires », comme disait le Général. En cas d'échec, que faire ? Repartir au combat pour préparer l'échéance suivante, c'est-à-dire l'élection présidentielle, ou changer complètement de cap et de vie ?

*Mardi 2 octobre*

C'est la rentrée parlementaire. La crise du Golfe bat son plein. Devant le groupe RPR de l'Assemblée nationale, Jacques Chirac explique ce qu'a été, selon lui, l'évolution de Mitterrand : dans un premier temps, hésitations, que nous avons dénoncées. Deuxième temps, un objectif clairement formulé : la libération des otages et du Koweit par le blocus. Troisième temps, l'envoi de troupes à pied en nombre important. Dès lors, que devient la stratégie de la France ? Que fait-elle si les États-Unis déclenchent une opération guerrière ? A-t-elle encore une capacité de décision autonome ?

Il faut que je rédige un article féroce contre Le Pen sur le Golfe.

*Jeudi 11 octobre*

Débat hier soir à l'Assemblée sur l'avenir de la construction communautaire et son contrôle démocratique. J'ai prononcé le discours au nom du groupe RPR. Devant un hémicycle vide...

*Jeudi 25 octobre*

Ai-je bien fait, hier, lors de la séance des questions d'actualité, d'interroger Lionel Jospin sur le malaise de la jeunesse et les manifestations de lycéens ? On me dit que, vu à la télé, mon échange avec le ministre de l'Éducation avait quelque chose de très politicien, de très polémique. Que je lui ai donné des verges pour me battre. Qu'il m'a répondu sur le même registre, agressif et partisan. Soit. C'est vrai qu'en m'entendant sur France Info, je me suis trouvé un ton dur et péremptoire. Il faut que j'y fasse attention.

Ah ! les *Leçons particulières* de Françoise Giroud ! Bonheur d'écriture, souple, intelligente, presque sensuelle. Et puis, dès les premières pages, on trouve un cœur qui souffre, sans ostentation. Cela respire la sagesse.

*Lundi 26 novembre*

Reçu, à la mairie du 18$^{e}$, trois chefs d'établissement du secondaire qui sont venus me dire leur inquiétude devant les mesures prises pour favoriser la « libre expression » des lycéens. L'un d'entre eux, qui n'est visiblement pas socialiste, me montre un tract où l'on voit un gamin donner un coup de pied au cul de Jospin. « Vais-je devoir afficher cela ? » me demande-t-il. On sent que sa conscience professionnelle, sa conception de l'École laïque, respectueuse des valeurs de la République, sont profondément choquées. Une fois encore, on va démobiliser les meilleurs.

Dans le même registre, j'entends ce matin à la radio qu'un prof a récolté 3 000 F d'amende pour avoir giflé un élève chahuteur ! Heureusement, enseignants, parents, et même élèves protestent. L'autorité est-elle promise à disparaître ? Et si c'est le cas, comment organiser la vie en commun ?

*Vendredi 30 novembre*

Je vais dans l'Indre porter ma « bonne parole » de secrétaire général. Déplacement froid et maussade, comme le temps, au sein d'une fédération découragée. J'ai du mal à garder ma sérénité. Pendant la réunion du comité départemental, à un ancien député qui se plaint de ne pas entendre la voix du gaullisme, je réponds brutalement qu'il est frappé de surdité. Au dîner-débat qui suit, je repère une table très « Front national » qui proteste lorsque je dis qu'il vaut mieux convaincre les journalistes que les engueuler ou les virer. Question : « Êtes-vous pour la construction de mosquées en France ? » Je retiens mon souffle, sûr de l'effet provocateur, mais j'y vais gaiement : « Oui, bien sûr ! » Tumulte. Enfin, à un quidam qui au moment de partir me dit que je ne l'ai pas convaincu et que je ne propose aucun changement dans l'Éducation puisque je continue à la qualifier de « nationale », je réponds qu'il est « bouché à l'émeri ». Et je reprends l'avion. Il y a des jours meilleurs...

# 1991

*Mercredi 2 janvier*

Vais-je rebondir ? J'ai fini l'année 90 passablement démoralisé. Je m'étais assigné deux objectifs : 1) Rassembler le RPR : Noir, Barzach, après Carignon, sont partis. Premier échec. 2) Unir l'opposition : Il y a eu l'accord du 26 juin sur les primaires. Puis VGE a tout mis par terre. Deuxième échec. Faut-il continuer, ou passer la main ?

Amer sentiment de solitude : Pasqua et Séguin m'embrassent pour mieux m'étouffer. Noir et sa cour nous faussent compagnie. Balladur poursuit son œuvre solitaire.

Chirac flotte dans l'optimisme : « Je pressens que 91 sera pour vous une bonne année », me dit-il. Qu'en sait-il ?

*Jeudi 17 janvier*

Réveil guerrier... Le ciel irakien s'est embrasé pendant la nuit, quelques heures après l'expiration de l'ultimatum.

Mitterrand avait prévenu lors de son intervention télévisée de la veille : « Les armes vont parler. »

A 18 heures, réunion à Matignon, chez Rocard, qui lance une rencontre d'information hebdomadaire à l'intention d'une délégation de parlementaires, sur le déroulement des opérations.

Le Premier ministre nous dit :

— que Bush a prévenu Mitterrand quatre heures avant le début des opérations (après Major) et que Gorbatchev a également été prévenu ;

— que vingt-neuf nations ont été engagées dans les opérations aériennes ;

— qu'il semble que l'électronique ait donné d'excellents résultats ;

— qu'il faut mettre un bémol à l'euphorie des médias, mais qu'il y a un acquis : le prestige irakien est atteint et la perspective d'une guerre courte est réouverte.

Le chef de cabinet militaire de Rocard, le général Menu, donne quelques « renseignements pratiques » sur l'attaque elle-même et la participation de nos avions. Il conclut en confiant que les opérations aériennes vont durer encore de trois à cinq jours... Suit un long exposé diplomatique sur la position des uns et des autres.

Le préfet Pautrat, responsable auprès de Rocard des questions de sécurité intérieure, nous apprend que la phase 2 du plan Vigiparate est déclenchée, mais qu'il n'y a pas d'éléments concrets concernant la préparation d'éventuels actes terroristes. Il ajoute que les jeunes de la communauté arabe (seize-dix-huit ans) sont nerveux, et que le plus grand danger à redouter peut venir de l'acte d'un isolé.

*Mercredi 6 février*

Belle « Marche du siècle » sur FR3, autour de Michel Serres. D'où vient le charme, au sens fort du mot, qu'exerce cet homme ? Est-ce l'intelligence, pétillante et gaie ? Le savoir, presque universel mais jamais fat ? L'accent un peu râpeux, venu de ma Gascogne ? L'alliance des moments de haute abstraction... et du sens du concret, de la réalité toute simple ? Exemple : à propos du métissage et de sa souffrance, l'exil : « Être malade à l'étranger, se présenter à l'hôpital, ne pas savoir dire où l'on a mal... » Ou encore le brio des formules, parfois agaçant de virtuosité ? Comme celle-ci : « L'exilé perd la terre et gagne le livre. »

Michel Serres fait l'éloge du métissage. Pour lui, tout apprentissage, toute éducation sont métissages. Du choc des cultures naît la richesse de la pensée. Certes. Mais le mot de métissage est-il vraiment bien choisi ? Ne porte-t-il pas en lui une certaine provocation compte tenu de ce que ressent l'opinion française en ce moment ? Ne vaudrait-il pas mieux parler d'ouverture, de tolérance, d'échange... Le métisse change de peau. N'y a-t-il pas quelque paradoxe à entendre l'éloge du métissage dans la bouche d'un homme comme Michel Serres, pur produit de l'intelligence, de la culture, de la langue françaises ? Il dissipe lui-même le malentendu : « Quand je suis à Paris, je me sens encore plus gascon. » Il ajoute, il est vrai, que notre culture classique est un mélange de cultures espagnole, italienne... sans parler d'Athènes ni de Rome. Soit, mais le produit est français, puissamment original et totalement irréductible. Après tout, métissage est peut-être le bon mot. Il faudra que je lise le livre qu'il consacre à cette idée, *Le Tiers-Instruit.*

Métissage, voyage. Métissage, tolérance. Apprentissage de la pitié. Serres fait l'éloge des Humanités. Les Humanités, dit-il, apprennent la pitié, mot qui revient souvent dans son langage. En somme, l'humanité. Les études scientifiques donnent la rectitude du raisonnement. Elles sont nécessaires à toute pensée droite. Mais les Humanités enseignent la pitié. Il donne l'exemple d'Homère et de l'*Odyssée :* les malheurs de la guerre. Ou des tragiques grecs. J'ajouterais volontiers Rome : la vertu, le courage. D'où l'absolue nécessité, selon lui, de réserver, à côté de la formation scientifique, une plus grande place aux Humanités. Superbe plaidoyer !

Mais le maître sait aussi décocher quelques flèches. A Jean-Marie Cavada, qui l'oppose à Sartre pour son goût des honneurs, il répond : « En refusant le prix Nobel, Sartre a eu la gloire du prix + la gloire du refus. En somme, ça n'était pas 1 – 1 = 0, mais 1 – 1 = 2. » Joli !

*Lundi 4 mars*

Pékin sort juste de l'hiver. Le paysage est plat, sec, gris. Tout me semble nu : la terre, les arbres, les avenues immenses, les blocs de « logements sociaux », Tien An Men que nous traversons au rythme lent de notre cortège de voitures officielles. Dans ce paysage mort, la foule grouillante : longues files d'attente sur les trottoirs à l'arrêt de bus antiques et bondés, et surtout écoulement inépuisable des bicyclettes, comme un fleuve.

Le secrétaire général du parti communiste chinois

reçoit le secrétaire général du Rassemblement pour la République. J'ai accepté l'invitation tant ma curiosité était vive. Mais c'est une visite à risque ! Ne pas oublier que, dans mon bureau rue de Lille, j'ai accroché la photo désormais légendaire où l'on voit un étudiant chinois debout, seul, à mains nues, devant un char... place Tien An Men.

*Mardi 5 mars*

Première séance de travail avec M. Zhou Liang, « vice-ministre », qui nous servira de mentor pendant tout le voyage. Long monologue à la gloire du régime. Au bout d'une heure et demie, je peux hasarder quelques questions. Mais le temps de la rencontre est écoulé ; les réponses viendront plus tard.

Déjeuner rapide à l'ambassade de France. Claude Martin, notre ambassadeur, en est à son troisième séjour en Chine. Il parle couramment chinois et sillonne le pays en tous sens. Il affirme qu'il peut rencontrer les gens à sa guise et leur parler librement.

Il nous livre en vrac quelques idées :

La situation politique est et restera figée jusqu'à la mort de l' « empereur ». Deng veut avant tout éviter l'éclatement du parti et refuse donc de choisir entre les réformateurs (ses poulains) et les conservateurs (qu'il a dû appeler à la rescousse après les événements de Tien An Men).

Des comportements d'autonomie de plus en plus affichée se développent dans les provinces côtières riches qui ne veulent plus payer l'impôt au profit des régions arriérées. Les gouverneurs qui sont élus par les assemblées régionales (avec l'accord du PC...) font la sourde oreille aux consignes gouvernementales. Mais les risques de démembrement du pays n'ont rien à voir avec ce qui se passe en Union soviétique : ici les minorités ethniques ne représentent que 5 % de la population totale.

L'opinion est profondément américanophile (surprise !). Elle soutient d'enthousiasme la coalition anti-Saddam. Dans l'armée, les cadres les plus modernistes sont sur la même ligne, fascinés par les matériels et les technologies des militaires américains. Au bout de quelques jours de guerre, le pouvoir s'en est aperçu et a relégué les nouvelles du Golfe à la fin des journaux télévisés.

13 heures, nous traversons au pas de course la Cité interdite. J'ai un peu honte. J'ai tant aimé *Le Dernier Empereur.* J'aurais voulu prendre mon temps. Mais, dans les voyages officiels, le temps n'est pas prévu...

Après une heure de route dans la plaine extra-plate, et une rapide montée dans les collines, la Grande Muraille. Il est de bon ton, m'a-t-on dit à Paris, d'être déçu. Je tombe en extase. Absurde, inutile entreprise ! Quel empire aurait pu garder sept mille kilomètres d'une telle construction ? Sans doute était-elle davantage à usage interne : manifestation de puissance, affirmation de propriété, enceinte destinée à enfermer plus qu'à protéger ? Le premier tronçon fourmille de touristes chinois. Mais il suffit de marcher quelques centaines de mètres pour trouver la solitude. L'escalade est rude. Je m'arrête sur la plus haute tour. Il faudrait des heures pour rêver. Le rêve non plus n'est pas au programme.

*Mercredi 6 mars*

9 heures 15, arrivée chez Jihang Zemin, secrétaire général du parti communiste chinois, au cœur de la Cité interdite.

L'homme, qui a une soixantaine d'années, est rond, madré, plutôt bavard. Il commence la conversation en citant ses auteurs français préférés : Balzac *(Le Père Goriottt...),* Alexandre Dumas, Victor Hugo. Il émaille son propos d'anecdotes et de références à l'histoire de la Chine. Il cite Confucius et Mencius. Il me rappelle, comme tous mes interlocuteurs officiels, que « pendant un siècle, la Chine a été humiliée ; mais que depuis 1949 elle est debout ». Ce qui suffit à justifier la Révolution.

Je l'attaque sur le respect des libertés, des droits de l'homme, de la démocratie. Réponse cinglante : « Le modèle occidental de démocratie n'est pas le seul. Nous avons notre histoire et nos contraintes propres. La démocratie existe au sein du parti communiste et dans les relations de celui-ci avec les huit autres partis démocratiques (!). Nous avons, en tout cas, réussi à nourrir et à habiller plus d'un milliard de Chinois. C'est un grand progrès des libertés. » Même réponse sur le Tibet : « Avant 1949, c'était le servage. » J'aurai beau ferrailler avec toutes les personnalités que je rencontrerai, je n'obtiendrai pas d'autre réponse. Je persévérerai naturellement dans ma désapprobation... ce qui n'empêchera pas le correspondant du *Monde* — qui n'a assisté à aucun de mes entretiens — de m'accuser de complaisance envers un régime barbare.

Deux questions me tiennent à cœur : la réforme économique, dont on me vante les succès, ne conduit-elle pas inéluctablement à une libéralisation politique ? Le développement spectaculaire des zones côtières ne crée-t-il pas des déséquilibres dangereux pour la cohésion sociale et politique de la Chine ?

Réponses : pour la libéralisation, même démonstration (le modèle européen n'est pas le seul...) ; pour la cohésion, l'enrichissement des uns profite à tous. Jihang Zemin raconte : « J'ai visité récemment un élevage de truites près de Pékin. Le propriétaire, qui était un entrepreneur privé, gagnait beaucoup plus d'argent que moi, qui suis pourtant secrétaire général du parti communiste. Je lui ai demandé s'il était prêt à en donner à l'État pour aider à la modernisation de toute la Chine. Il m'a répondu que oui, mais que, si on lui en prenait trop, on lui enlèverait l'envie de continuer à en gagner... Il avait raison. » Pragmatisme chinois.

*Jeudi 7 mars*

Xian, dans la province du *Wiangsi.* Il fait un froid de gueux. Il tombe même quelques flocons de neige.

Ce qui me frappe le plus dans l'armée des soldats de terre cuite qui gardent la tombe de Shihuangdi, premier empereur de Chine, c'est l'originalité de chaque visage. Ils sont des centaines, peut-être des milliers, et pourtant aucun, ou presque, ne ressemble à aucun autre. Modernité des traits, aussi.

Au musée de la ville, j'observe le travail des copistes qui reproduisent les textes gravés dans la pierre des stèles : ils appliquent de grandes feuilles de papier humide sur la stèle, l'impriment en martelant la surface avec un maillet de bois ; les caractères apparaissent en blanc, comme au pochoir, et la feuille est alors recouverte d'une couche d'encre noire.

*Vendredi 8 mars*

Canton, 25°, chaleur humide. J'ai l'impression d'être à des années-lumière de Pékin. La foule ici est bigarrée, joyeuse. Il y a partout des boutiques aux étalages opulents. J'adore, en voyage, visiter les marchés alimentaires. Je ne suis pas déçu : « œufs de cent ans », tabac séché, grenouilles, serpents, poissons qu'on tranche vifs sous nos yeux.

*Samedi 9 mars*

Shenzen, zone économique spéciale. Dans le périmètre de ces zones, le gouvernement chinois tolère un capitalisme qui dit presque son nom : propriété privée des moyens de production, appel aux capitaux étrangers venus de Hong Kong, de Taiwan, du Japon ou d'Europe, régime fiscal dérogatoire... Le résultat ne se fait pas attendre : Shenzen a déjà un petit air de Hong Kong, avec, j'imagine, un décalage de dix ans. Le premier secrétaire du PC local me tient le discours que j'ai déjà entendu vingt fois : « En dix ans, de 1980 à 1990, le PNB chinois a doublé ; il doublera à nouveau d'ici l'an 2000 ; dans cinquante ans nous pourrons peut-être atteindre le niveau d'aisance d'un pays moyennement développé d'aujourd'hui. Et dire que Gorbatchev a annoncé qu'il libéraliserait l'économie soviétique en cinq cents jours ! » Sous l'apparente modestie perce un orgueil sans borne. La Chine s'éveille.

En fin de journée, nous franchissons la frontière qui sépare la zone économique spéciale de Shenzen, vitrine de la réforme économique chinoise, de ce qui est encore la colonie britannique de Hong Kong. Tout d'un coup Shenzen prend un coup de vieux. L'écart est de plus de dix ans ! Tout ici est plus grand, plus haut, plus brillant, plus bruyant. Dans la chaleur moite, les buildings de Hong Kong sont insolents de luxe et de beauté. On comprend le mélange d'envie et d'irritation qu'inspire cet avant-poste de l'Occident au vieil empire qui accomplit sa mue.

*Jeudi 25 avril*

8 heures : danses hongroises de Brahms pendant ma gym matinale. Grandes coulées lyriques qui submergent mon cœur malade. En faisant mes exercices, je regarde mon corps dans la glace. Le conserver. Angoisse. Que sera-ce dans dix ans ?

12 heures. Petit plaisir : le dernier sondage BVA-*Paris Match*. Mitterrand – 10 points, le RPR à 28 % d'intentions de vote (+ 1) devant le PS (27,5 %) pour la première fois. Et Bibi + 6 points (27 %). Je m'étais pourtant promis de ne pas regarder les sondages... Pour ne pas en souffrir quand ils baissent. Mais l'esprit est faible...

Je cherche des citations pour Personna Gratter : « Un homme seul est toujours en mauvaise compagnie », Paul Valéry. « Ce qu'il y a de plus profond dans l'homme, c'est la peau. » Du même.

18 heures 30, je fatigue. Cette suite de réunions sur des problèmes au ras des pâquerettes m'épuise, avec des gens qui s'agressent et que je dois calmer en permanence. Je viens de procéder à une opération difficile : expliquer à un secrétaire départemental, vieux militant fidèle, discipliné, pondéré... qu'il faut passer la main à un plus jeune.

21 heures 15, images hallucinantes du Koweit à la TV. La nuit à midi. Cette phrase extraordinaire d'un vieux Koweitien au beau profil, chez son médecin : « J'ai du mal à respirer. Quand je tousse, je crache du pétrole. » Nous périssons par où...

*Samedi 27 avril*

Après vingt-quatre heures passées dans le quartier Dejean, Château-Rouge, Poissonniers, Barbès, royaume de la drogue, de la prostitution agressive, des vols à la tire... J'éprouve un sentiment d'impuissance. Je renvoie à la police... qui lève les bras au ciel. Je sens que ça ne passe plus. La confiance s'érode. Le Pen fera ici 25 %.

Je m'en veux après cette réunion de mon comité de circonscription. Je sais que j'ai été désagréable. Après tout, quand tous se plaignent d'un manque de convivialité, n'est-ce pas à moi que le message s'adresse ? Est-ce que je les aime assez ? Est-ce que je leur consacre assez de temps, non pour travailler mais pour être seulement ensemble ? Je leur demande leur dévouement. Ils attendent de moi une présence. Que je prenne mon temps avec eux. Ce que je ne sais pas faire.

*Dimanche 4 août*

Je lis un article de Daniel Hua sur la Sécurité sociale et plus précisément sur les dépenses de santé, dans une de ces innombrables lettres « confidentielles » qui encombrent nos boîtes aux lettres. Hua, c'est ce grand type un peu british, banquier à la Société générale, qui m'aidait dans notre réflexion économique au début des années 80. Son constat : quel que soit le système, les dépenses de santé ont partout doublé en pourcentage du PIB au cours des vingt-cinq dernières années. Une certitude : l'organisation actuelle, en France, comme ailleurs, pousse au gaspillage. Il utilise une image : c'est comme un restaurant où l'on déciderait brusquement de servir des repas gratuits. Problème : comment réformer ? Tout le monde s'y casse le nez : Chirac/Séguin en 86-88, Rocard/Évin en 88-90... C'est l'exemple typique du dossier où vérité et discours électoral sont en conflit ouvert. Comment faire comprendre aux Français, qui ne veulent rien sacrifier en la matière de leur confort et de leurs habitudes, que la gratuité engendre le dérapage des coûts et que « responsabiliser » les partenaires signifie notamment faire payer le consommateur ? Je ne suis pas sûr que nous ayons encore les idées au clair en ce domaine ni que nous ayons trouvé le langage de la conviction...

Lu aussi un article de Philippe D. Leighton sur la Bibliothèque de France. Ses critiques — vigoureuses — paraissent marquées au coin du bon sens. « Ceux qui supportent sans difficulté la lumière et l'air (les lecteurs) devraient y être davantage exposés que ce qui devrait réellement être enfoui dans un abri sombre, soit dans le sol soit au cœur de l'édifice (les livres). » Comment expliquer que le Président soit sourd à tous les avertissements, y compris à ceux de l'administrateur général de la Bibliothèque nationale, Le Roy Ladurie ? Isolement du pouvoir ? Influence des courtisans ? Il est sans doute trop tard. L'erreur une fois commise, nous la traînerons comme un boulet pendant un siècle !

*Lundi 5 août*

Deux pages intéressantes dans *La Croix* sur la démographie mondiale. Les faits : la population de la terre s'accroît d'un milliard tous les douze ans ; 5,3 milliards aujourd'hui, 6,25 en 2000, 8,5 en 2025, 10 vers 2075 !! Une observation intéressante : ce qui nous menace, ce n'est pas le manque de nourriture. Les progrès dans ce domaine sont tels qu'on peut vraisemblablement nourrir une population beaucoup plus nombreuse. En revanche, souligne Albert Jacquart, l'un des interviewés du dossier, « les inquiétudes se situent surtout du côté des ressources en énergie, de l'acccroissement des déchets, des pollutions de toutes sortes et de la dégradation des ressources vitales que sont l'air et l'eau ».

L'Église a choisi son échappatoire : elle enseigne que le développement — et lui seul — peut entraîner de fait une réduction du nombre des naissances. C'est vrai. La révolution démographique l'a montré dans les pays européens. Mais est-ce une raison suffisante pour refuser toute politique de contraception ? Réponse d'Albert Jacquart : « La limitation des naissances par la contraception est devenue une nécessité vitale. Mais cela doit venir d'une prise de conscience et non de politiques autoritaires... Donner la vie inconsidérément est un acte irresponsable vis-à-vis de ceux qui nous succéderont dans deux ou trois générations. »

Pour moi, la cause est entendue : Jacquard a raison. L'Église va-t-elle rester sourde et aveugle ?

Vrai débat. Mais qui se soucie de l'an 2025 ou 2075... ?

*Lundi 19 août*

Depuis quelque temps, les journées historiques se succèdent à un rythme échevelé, spécialement au mois d'août... Quelle époque compliquée mais ô combien exaltante !

Ce matin, je m'éveille innocemment dans cette triste chambre du Novotel de Poitiers, étape sur la route du retour de vacances Hossegor-Paris. A peine ai-je allumé la TV que la nouvelle me tombe dessus : « Gorbatchev déposé par les durs du KGB, de l'armée et du parti. » Stupéfaction, bien que, depuis des mois, tous les observateurs nous aient annoncé la chute de Gorbatchev comme imminente.

Trois cent vingt kilomètres parcourus à vive allure entre Poitiers et Paris, France Info branchée en permanence. Effervescence rue de Lille. Dispositif de communication en place pour les chaînes de TV : sur TF 1 plateau à 20 heures avec Balladur, Giscard et Joxe. Plateau d' « experts » sur Antenne 2. Journaux normaux sur les autres chaînes. Mitterrand parlera à 20 heures. Coup de fil à Chirac dans sa retraite de l'île Maurice. Je lui dis ce que j'ai l'intention de déclarer : 1) Ce n'est pas vraiment une surprise. 2) Condamnation vigoureuse du coup de force. 3) Inquiétude pour les nouvelles démocraties d'Europe centrale qui doivent être soutenues en toute priorité. 4) Vigilance pour l'Europe de l'Ouest qui ne doit pas baisser sa garde. Chirac me donne son accord. Il insiste sur le fait que Gorbatchev a plus subi que voulu les évolutions récentes, ce qui explique en partie son échec. En fait, il se comportait plus en communiste réaliste, soucieux de sauver les meubles qu'en démocrate sincère. Toubon, qui appelle de l'île de Ré, me demande d'insister sur les chances de « rebond démocratique » si les durs se plantent, ce qui lui paraît à terme inévitable.

20 heures, Mitterrand. Je suis frappé par son indulgence envers la nouvelle direction soviétique. Il brandit une lettre qu'il vient de recevoir de Ianaiev, dans laquelle le nouveau maître du Kremlin l'assure de sa volonté de poursuivre la politique de réforme. Au moment même où il instaure l'état d'urgence et suspend les libertés pour six mois ! Il fut un temps où les socialistes étaient moins complaisants avec les dictateurs !

*Mardi 20 août*

Europe 1, je me sens un peu vaseux, je n'ai pas encore vraiment repris le rythme. Enfin, au moins une conséquence positive : je cherche un peu mes mots, ce qui me fait parler moins vite que d'habitude. Dialogue avec Michel Vauzelle, président de la commission des affaires étrangères à l'Assemblée, en vacances en Toscane. Je reproche nettement à Mitterrand sa trop grande complaisance vis-à-vis de « la nouvelle équipe du Kremlin ».

*Mercredi 21 août*

Incroyable retournement de situation en URSS : on apprend, au fur et à mesure des bulletins radio, que les putschistes ont été chassés et que Gorbatchev prépare son retour à Moscou. Victoire du peuple et de Eltsine ? Manipulations, comme certains, à Moscou et à Paris, le laissent entendre ? Je n'arrive pas à croire à cette deuxième hypothèse. Il y a plus de maniaques du complot chez les commentateurs que chez les acteurs de l'Histoire. En tout cas, une chose est sûre : Mitterrand s'est complètement planté lundi soir. Il ne fallait pas laisser aux nouveaux maîtres du Kremlin, en brandissant la lettre de Ianaiev, le bénéfice du doute.

A RTL, au journal de 18 heures, je déclare : « M. Mitterrand a perdu une bonne occasion de se taire. » VGE a été également très sévère au journal de TF1 hier soir. Nouvelle « causerie » du président ce soir à la TV : autojustification et attaque en règle de « ces dirigeants de l'opposition qui se sont disqualifiés ». Quant au putsch avorté : « Il s'est passé ce que j'avais prévu. » Pour un homme qui affirmait avant-hier : « Le coup a réussi », c'est un culot insensé. Mais trompe-t-il son monde ?

*Jeudi 22 août*

Je dois répondre aujourd'hui à la violente charge que Mitterrand a faite contre nous hier soir. Je commence à rédiger un projet de tribune sur les premiers enseignements à tirer de ce putsch manqué. J'ai trouvé d'emblée une chute méchante dont je suis assez content : « Alors que les démocrates de Moscou attendaient de Paris une parole forte, lundi soir, la voix de la France a chevroté. » Voilà qui ne va pas arranger mes affaires avec les mitterrandistes...

13 heures, je suis l'invité du journal d'Antenne 2. Pour renforcer mon attaque contre Mitterrand, je me sers des fiches préparées par un de mes conseillers : « Et d'ailleurs même des ministres en exercice se sont démarqués du président : M. Kouchner n'a-t-il pas été jusqu'à déclarer : Où finit la prudence, où commence la lâcheté ? » Le journaliste me fait répéter le nom de Kouchner, ce que je fais bravement, sûr de mes sources. De retour à mon bureau après le déjeuner, j'apprends que l'auteur de cette phrase n'était pas Kouchner, mais Séguéla au cours d'une émission sur la 5. Cela ne change pas, sur le fond, mon argumentation. Mais je suis néanmoins furibard. S'il y a une chose que je déteste, c'est me faire prendre en défaut. Cela me rappelle les « claquages » de deuxième colonne dans les rapports de l'Inspection. Mortification ! Je téléphone à A2 pour m'expliquer, je cherche à joindre Kouchner pour m'excuser. Mésaventure salutaire : on ne vérifie jamais assez, surtout quand on se lance dans la polémique...

*Vendredi 23 août*

Entretien d'une heure avec José Frèches qui suivait les questions de communication à Matignon entre 1986 et 1988, et qui est aujourd'hui directeur général des laboratoires pharmaceutiques Fabre. La conversation manque mal tourner. Il commence en effet à m'assener quelques vérités premières sur l'opposition : « Vous êtes nuls. Vous n'avez aucune stratégie à moyen terme. Vous devriez prendre exemple sur les entreprises. Vous vous préparez à vous réinstaller aux commandes du camion, mais c'est le moteur qu'il faut changer. » Ce type de discours a le don de m'exaspérer, peut-être parce que je sens au fond de moi-même qu'il contient une part de vérité. « Il ne faut pas cohabiter en 1993 ou bien alors 95 se passera comme 88, ajoute-t-il. Et en tout cas, pourquoi l'annoncer à tue-tête dès maintenant ? Regardez Mitterrand, il ne dévoile ses intentions qu'au dernier moment. » Et encore : « Il faut réformer les institutions et passer à un vrai régime présidentiel dans lequel le Parlement pourrait réellement contrôler le pouvoir exécutif, alors qu'aujourd'hui on est à la limite de la démocratie : le Président peut prendre des décisions capitales pour la sécurité du pays sans en référer à personne. »

Il y a un certain bon sens dans toutes ces réflexions. Derniers conseils qui méritent examen : « Il faut que tu trouves pour le RPR un "écolo " et un " humanitaire " très médiatiques. Un Lalonde et un Kouchner. Et puis, regardez Elstine, et apprenez à parler au peuple ; pour l'instant, le peuple ne vous entend pas. »

En fin de compte, je ferai bien de prendre un peu de

temps, par-ci par-là, pour écouter des discours dérangeants...

*Lundi 26 août*

Deux évidences dans la presse de ce lundi :

1) L'enthousiasme devant la nouvelle révolution de Moscou qui enterre définitivement le communisme.

2) La sévérité de tous les commentateurs à l'encontre de Mitterrand qui, de l'avis général, s'est trompé à deux reprises, d'abord en saluant prématurément les putschistes comme les nouveaux maîtres du Kremlin, puis en essayant d'expliquer qu'en réalité il avait tout compris et tout prévu.

Depuis deux ans, notre faculté d'adaptation a été, il est vrai, mise à rude épreuve : novembre 89, chute du mur de Berlin ; puis élections libres en Hongrie, en Tchécoslovaquie, en Pologne avec l'arrivée au pouvoir de Joseph Antall, de Vaclav Havel, de Lech Walesa ; harakiri du PCUS et disparition de l'URSS telle que nous la connaissions depuis des décennies ! Nous avons tous eu du mal à suivre. Mitterrand peut-être plus que d'autres, parce qu'il est plus que d'autres pétri d'histoire, de cette histoire du milieu du siècle dont il a été l'un des acteurs français les plus engagés. On a l'impression qu'il reste prisonnier d'une vision du monde dont il a été si profondément pénétré qu'il semble redouter de périr avec elle.

Déjeuner très stimulant avec Dominique Cantien, grande papesse des programmes de TF 1. La conversation vient sur Giscard et sa récente participation à

« Sacrée Soirée ». Je fais part de mon scepticisme sur ce type d'exercice... bien que je n'aie pas vu l'émission. Elle me soutient qu'en dehors du microcosme parisien, Giscard a fait un malheur. Puis vient l'éternelle chanson contre la langue de bois des politiques. J'essaie de ferrailler. Mais elle m'ébranle : « Vous rendez-vous compte qu'à part peut-être Jack Lang, vous êtes incapables de parler aux jeunes ? Ils ne vous entendent pas ! » J'ai, hélas ! vécu cette expérience à chacune de mes campagnes électorales. J'ai tout essayé pour établir le contact avec les jeunes : rencontres-débats à eux spécialement destinées, soirées dansantes, et même concerts rock. Je n'ai jamais fait un tabac ! Faut-il s'y résigner et se consoler en se disant qu'il en a toujours été ainsi ? Je me lance malgré tout : « Si vous avez besoin d'un cobaye à précipiter vif dans l'acide chlorhydrique, je suis partant. »

Personnage sans doute hors du commun que cette femme, et donc un peu irritant. Mais Dieu, que la joute verbale était stimulante ! Nous vivons, je vis trop dans le bocal où grenouille la faune politique. Il faut voir d'autres gens, de tous horizons. Œuvre de salubrité intellectuelle. Urgence.

*Mardi 27 août*

8 heures. Europe 1, Alain Duhamel explique en substance que si l'opposition a critiqué Mitterrand avec vigueur ces jours derniers pour son attitude vis-à-vis des événements de Moscou, c'est parce que les élections approchent ! Et, ajoute-t-il quand même, parce que Mitterrand n'a pas été bon. Exemple typique de ces

commentaires convenus que nous entendons tous les matins. Pourquoi toujours chercher des explications électoralistes ? Pourquoi ne pas s'en tenir aux faits : la France officielle n'a pas été à la hauteur des événements et l'opposition a fait son devoir en le disant ? Ce serait trop simple.

*Mercredi 28 août*

La journée commence avec une bonne poussée d'adrénaline : j'écoute Europe 1, car JC doit y être l'invité de Jean-Pierre Elkabbach. En attendant, je subis la chronique de Jean-François Kahn. C'est un festival anti-« classe politique ». Tout le monde en prend pour son grade : Mitterrand qui a joué au « petit facteur », Lang qui n'a rien trouvé de mieux que d'organiser une surboum, Rocard qui a disparu de la circulation, la droite qui est plus que jamais prisonnière du complexe militaro-industriel, le centre qui est resté fidèle à lui-même, c'est-à-dire inconsistant. Toutes ces philippiques alimentent naturellement la tendance actuelle à vomir « le » et « la » politique. C'est la définition même de la démagogie. Il existe un poujadisme du centre...

*Lundi 2 septembre*

Mes trois jours annuels à Venise. Ville inépuisable. Ici ou là, même dans des lieux que j'aime, la lassitude finit toujours par venir, ou le sentiment de déjà vu. A Venise, c'est à chaque fois la découverte, ne serait-ce que par le jeu de la lumière. Cette année, le ciel, lavé par l'orage de la première soirée, était intense, sans cette brume blanche qu'apporte la forte chaleur.

Découvertes (ou redécouvertes) 1991 : le Dorsoduro (c'est là que je veux ma tanière) ; le campo Santa Margherita ; la Scuola dei Carmini avec les plafonds de Tiepolo : explosion de la lumière, sensualité des cuisses nues dans la scène a priori austère à la remise du scapulaire...

Retour à San Giovanni e Paulo. « Zanipolo », et tout ce quartier qui va de San Marco jusqu'aux Fondamenta Nuove.

Encore et toujours à l'Accademia, la *Tempête* de Giorgione : fascination pour cette toile où tout n'est que jeu de couleurs et parfum de mystère ; j'aimerais m'asseoir par terre, puisqu'il n'y a aucun siège dans cette salle, et rester en contemplation pendant des heures, étudier l'art de la composition, le dégradé subtil des verts et des bleus, m'interroger sur le point de savoir si les personnages attendent l'orage, comme le dit la notice, ou s'ils respirent après qu'il a passé, comme je l'avais d'abord senti. Et puis tout simplement rêver : toile qui incite au rêve et presque à la paresse.

*Mercredi 4 septembre*

Retour de Moscou, avec Chirac, Léotard et Méhaignerie. Fallait-il y aller ou n'y pas aller ? Je n'ai pas hésité une seconde et je ne regrette rien, en dépit du tapage médiatique fait, en France, autour de l'incident Chirac/Giscard. Le second a reproché au premier de ne pas l'avoir prévenu de son départ ! La belle affaire !

Encore un épiphénomène microcosmique sans commune mesure avec ce qui se passe là-bas. Comment résumer ces trois jours de rencontres au lendemain du putsch avorté ?

Des images me restent dans la tête, celles des quelques hommes autour desquels tout était en train de se jouer, et avec qui nous avons eu la chance de pouvoir discuter.

Chevarnadze, le diplomate un peu désenchanté. Ce fut notre premier interlocuteur, mardi 3 septembre à midi. Un pessimiste distingué, rencontré dans le petit hôtel particulier où siège son association pour la réforme économique. Courtois, fin, intelligent, très « Quai d'Orsay », il joue les Cassandre. Il craint de nouvelles turbulences. Il semble revenu de tout et n'a visiblement pas le punch nécessaire pour briguer les plus hautes charges. Sa sévérité est grande pour Gorbatchev qui a selon lui commis une grave faute en quittant Moscou pour passer ses vacances en Crimée. A ses yeux, la situation reste tendue, plus complexe qu'avant le putsch. On ne peut pas exclure que le peuple sorte dans la rue ni que les communistes ou l'extrême droite ne fassent une nouvelle tentative. Pour lui, il faut absolument maintenir une union entre les républiques, un « centre », sous peine de chaos.

Eltsine, le nouvel imperator soviétique... Mardi 3, 15 heures, au Kremlin, après dix minutes de palabres aux portes : il faut désormais, pour entrer dans le saint des saints, la double autorisation d'Eltsine et de Gorbatchev.

Les mains bien à plat sur la table de la grande salle dans laquelle il nous reçoit, Eltsine est visiblement heureux d'être installé au Kremlin : « Il est normal, nous dit-il d'emblée, que la résidence du président de la Russie se trouve au Kremlin... Nous nous sommes battus soixante-quatorze ans pour parvenir à ce résultat. » Grand, fort, gonflé de lui-même, l'homme a sans aucun doute le charisme qu'exige la situation. C'est un tribun. Contrairement à notre premier interlocuteur, Eltsine est optimiste. Selon lui, le putsch a échoué pour deux raisons : 1) Les conspirateurs ne s'attendaient pas à la réaction du peuple, qui n'est plus le même qu'il y a dix ans, et qui a su combattre sa peur. 2) La réaction très vive de la communauté internationale a sans aucun doute joué. Eltsine remercie au passage Mitterrand qui lui a parlé trois fois au téléphone durant les événements.

Il exprime toutefois une inquiétude : les récoltes du premier trimestre 1992 ne seront pas bonnes; il manquera 20 millions de tonnes de blé.

A 16 heures, Sobtchak, le techno occidental, celui dont tout le monde dit qu'il va « compter » dans les mois à venir. Saint-Pétersbourg s'appelle encore Leningrad, mais son maire ne parle déjà que de Saint-Pétersbourg retrouvée. Nous le rencontrons au siège du praesidium suprême. Avec sa veste en tweed, on dirait presque un manager anglo-saxon. Contrairement à Eltsine, il ne voit pas la vie soviétique en rose. Il nous dit en substance : « La situation est encore plus dangereuse que pendant le putsch. Les trois millions de fonctionnaires du parti sont au chômage. Le putsch peut se reproduire avec l'aide de l'armée. Il y a très peu d'hommes d'expérience dans les républiques qui proclament leur indépendance. Il y a même ici ou là des risques de dérive autoritaire : le président de Géorgie, par exemple, est un tyran. Le Congrès a une composition très conservatrice : sur 2 250 députés, 750 ont été désignés par le parti ou ses satellites. Nous sommes dans une impasse politique : il y a très peu de chances de surmonter la crise par des moyens constitutionnels. Or si nous sortons de la légalité, cela peut fournir un prétexte à un nouveau putsch conservateur. » Une pointe d'optimisme quand même : « Nous avons le peuple derrière nous. »

C'est l'été indien sur la place Rouge. Il est 19 heures. Nous attendons Iakovlev. Une gueule d'apparatchik au sourcil broussailleux. Un look brejnevien... bien qu'il se targue d'avoir rompu avec Brejnev dès 1970. Il maîtrise parfaitement l'ancienne dialectique : quand Léotard lui parle des ventes d'armes russes à la Libye, il nous parle des ventes d'armes de la France à l'Irak. Au demeurant plein d'humour et de finesse. Il nous cite cette phrase, qui fera recette, prononcée par un député au Congrès : « Un hiver froid nous attend, les casseroles vides sont plus fortes que les chars. » Il est lui aussi inquiet pour la période transitoire ; les relations entre les républiques seront difficiles : dix millions de Russes vivent en Ukraine, il doit y avoir autant d'Ukrainiens en Russie.

Popov, le maire de Moscou, est un petit bonhomme rond et vif, malin comme un singe. Le poil blanc-gris, un brin débraillé, sans cravate, il ne paie vraiment pas de mine, mais il est efficace. C'est lui qui décrochera pour Chirac un entretien avec Gorbatchev. Ses premiers mots à notre arrivée dans la grande salle solennelle : « Je sais que la situation en France n'est pas facile en ce moment... » Je le trouve beaucoup plus optimiste que Iakovlev qui nous a prédit une récolte catastrophique. Popov la voit lui « de niveau moyen ».

Gorbatchev : seul Chirac a droit à un entretien, quelques heures avant notre retour à Paris. L'ensemble de notre délégation a tendance à le considérer comme fini. Quand je le vois, sur les écrans de la télé, il ne donne pas cette impression. Il semble déterminé, combatif. C'est aussi le sentiment que JC retire de son entretien.

*Lundi 9 septembre*

La vraie rentrée. Près d'un million d'instits et de profs à nouveau au boulot. Cela reste un grand rendez-vous pour tout le monde. La vibration de l'air change.

Angoisse de rentrée. Ce matin, je suis inquiet pour le RPR. Nous roulons des mécaniques, mais avons-nous les moyens humains de nos ambitions ? Toutes ces régions où nos hommes ont vieilli et où la relève ne vient pas... Bordeaux, Nice, Marseille, toute la façade méditerranéenne, la Bretagne, je cite dans le désordre et un peu au hasard... Allons ! haut les cœurs !

*Mercredi 11 septembre*

Discussion passionnante, au sein de notre petit « groupe Défense », sur l'avenir du service militaire. Nous devons arrêter une position claire puisque la réforme voulue par Mitterrand (réduction à dix mois) vient en discussion à l'Assemblée dès le 2 octobre. Or nous avons des points de vue très divers. Il faut en revenir à l'essentiel : quelle armée voulons-nous, pour faire face à quelles menaces ? Jean Picq, ancien conseiller de Jacques Chirac à Matignon, résume bien le choix : si nous nous limitons à une force d'intervention rapide pour des opérations du type Daguet dans le Golfe, une armée de 120 000 hommes, professionnelle, nous suffit ; et la conscription, à moyen terme, n'a plus lieu d'être. Mais pouvons-nous renoncer à un corps de bataille de 80 000 à 100 000 hommes en Centre-Europe, alors que l'Allemagne maintient toujours 300 000 hommes sous les drapeaux et que l'ex-URSS est dans la situation d'instabilité que l'on sait ? Dans cette deuxième hypothèse, il faut maintenir la conscription. Le choix entre douze et dix mois est finalement secondaire.

Je penche intuitivement pour l'armée de métier de 120 000 hommes. Mais pour ménager les partisans de la conscription, je prône le développement des missions de caractère civil, dans le cadre d'un grand service national rénové, avec peut-être une période de quatre mois pour l'ensemble des appelés d'une classe d'âge.

Les objections de Picq sont très fortes : « Comment retenir, après quatre mois, une partie seulement du contingent ? Il faudra les payer et nous n'en aurons pas les moyens. Il sera très difficile de trouver des volontaires en nombre suffisant si l'on supprime le vivier du service militaire. La suppression de la conscription sera naturellement irréversible. C'est un choix politique majeur qui met en cause l'idée même que l'on se fait de la Nation... au moment où vous faites de l'idée de Nation l'un de vos thèmes forts... »

Conclusion : il est urgent de poursuivre la discussion et la réflexion. Jacques Chirac devrait y participer en personne.

*Vendredi 13 septembre*

Dernière invention mitterrandienne annoncée lors de sa conférence de presse d'avant-hier : la publication de la fortune des parlementaires. « Vous comparerez ! » a-t-il lancé aux journalistes. La manœuvre est évidente : montrer que les hommes politiques de droite sont plus riches que ceux de gauche. Est-ce si sûr ?... Tapie et quelques autres équilibreront bien Dassault et quelques autres. Mais le piège est bien tendu : quiconque s'insurgera contre cette mesure sera soupçonné sur-le-champ d'avoir quelque chose à cacher. Le résultat ne se fait pas attendre : Léotard, comme moi, chez Elkabbach, annonçons que, « bien sûr », nous voterons « pour ». Léo réclame que cette disposition soit étendue aux conjoints et ayants droit. Je suggère que la volonté de transparence aille jusqu'à publier régulièrement la liste des vols des avions du Glam avec indication de la mission, de la destination et de l'identité des passagers. Mais ce n'est pas la bonne réaction. Nous manquons en fait de courage. Il faudrait dire : cette proposition est d'une affreuse démagogie ; elle vise à exciter les Français les uns contre les autres ; il s'agit de diviser et de manipuler l'opinion par la jalousie. Certes il faut contrôler. Mais la procédure est déjà en place puisque les parlementaires sont tenus de déclarer leur patrimoine auprès du bureau des Assemblées. La publication n'est qu'exhibitionnisme politicien...

Je lance à Europe 1 l'idée qui me trotte dans la tête depuis un certain temps : « Faut-il déjà annoncer à son de trompe que nous cohabiterons en 1993 quoi qu'il arrive ? »

*Samedi 14 septembre*

Un samedi très ordinaire.

9 heures : mes vingt longueurs de piscine... Volupté du sport. Ma tête se vide.

9 heures 45 : mes « muffins » chez Marks & Spencer, gourmandise de vieux garçon.

10 heures : cap sur « mon 18e », le marché de la rue du Poteau et les HLM de la rue Émile-Blémont. Une vie de quartier, presque de village. Ce matin, l'air est léger et les passants de bonne humeur. Il y a moins de récriminations que d'habitude. Quelques remarques sur la propreté des trottoirs qui laisse à désirer... et le pouvoir d'achat qui baisse. Seuls les militants du Front national qui cherchent à vendre leur littérature forcent méchamment la voix à mon passage : « Les Français d'abord... » et ainsi de suite. Même les locataires de l'Office d'HLM, qui auraient pourtant beaucoup à dire sur la manière dont les traite cet organisme, me racontent leurs tribulations d'un ton mesuré, sans animosité. Cette affaire est un véritable casse-tête : la Ville s'efforce d'améliorer le confort dans ces immeubles parfois anciens (pose du chauffage individuel, installation de salle de bains...) mais l'Office et les entreprises interviennent avec une telle brutalité, avec un tel mépris des locataires, souvent âgés et qui ont avec amour aménagé au fil des ans leur F2 ou F3, que l'opération se retourne contre nous. J'avais personnellement beaucoup poussé à cette modernisation et j'avais dégagé les crédits nécessaires. Mais je finis par me demander si nous ne faisons pas plus de mécontents que d'heureux. D'autant qu'à la clef, les loyers aug-

mentent de manière non négligeable. Tout le mal vient en fait de l'incapacité de la direction de l'Office à écouter les gens...

Midi : petit pot de rentrée à ma permanence. Il faut remobiliser les troupes. J'évoque prudemment la prochaine campagne pour les élections régionales en annonçant mon intention de conduire la liste de Paris. Mais je ne dis mot de la présidence de la région et j'embraye tout de suite sur la perspective des législatives. Je perçois déjà la réaction de ceux qui craignent de me voir quitter le 18e. Je dois les rassurer en leur montrant que je reste sur le terrain et que je prépare avec eux les prochains combats électoraux dans l'arrondissement. Mars 93 n'est pas si loin. C'est la mairie de Paris que je quitterais, pas le 18e.

13 heures : déjeuner avec Bertrand Mazières qui prépare un portrait de moi dans *L'Express.* Questions attendues : « Et Balladur ? et Séguin ? et Pasqua ?... » Je devrais être cool, je suis un peu tendu. J'aurais aimé souffler le temps d'un repas... mais je sais que toute imprudence verbale peut coûter cher.

14 heures 30 : je retrouve mes rendez-vous à ma permanence. Souvent poignants, parfois drôles. Ma tâche est difficile. Je ne suis pas le bon Dieu. Mais j'essaie de répondre le mieux possible aux drames, petits ou grands, de ces gens qui n'ont souvent pas d'emploi ou pas de logement.

Aujourd'hui, onze personnes sont inscrites.

La première est Mme X. qui me confie avec une gêne touchante que son ambition est de devenir « dame-pipi » de la Ville de Paris. Mais elle souhaite que je diffère un peu son affectation car elle doit d'abord aller perdre vingt kilos dans une maison de cure diététique.

Elle ajoute que son mari (marocain d'origine mais naturalisé français) est en train de la laisser tomber après vingt ans de mariage pour partir avec une « immigrée sans papiers ». « Monsieur Juppé, dites bien à la télé qu'il est urgent d'arrêter l'immigration. »

Mme M., roumaine, a enseigné le français pendant quinze ans dans son pays. Elle est arrivée en France en 1986 pour rejoindre son mari... dont elle a divorcé l'année suivante. Elle est aujourd'hui au chômage et voudrait travailler dans un journal. Je vais en parler à quelques journaux amis, mais j'ai conscience que cela ne sera pas facile.

Mme M., bien connue place du Tertre, vient me présenter le projet d'un ami artiste qui veut relier le Centre Pompidou aux Halles en construisant un passage aérien au-dessus du boulevard Sébastopol. Le dessin est gracieux. Je saisirai la direction de l'aménagement urbain et celle de la voirie, mais je n'y crois pas beaucoup.

Mme H., quarante-neuf ans, vient d'être licenciée après vingt-quatre ans de bons et loyaux services dans la même entreprise. Elle cherche un emploi de comptable. Elle appelle au secours très dignement, mais je sais hélas que son âge constitue un handicap majeur. Je vais appeler la chambre de commerce de Paris.

Mme K. habite un appartement de trois pièces dont elle est propriétaire. Elle est en outre locataire, dans l'immeuble voisin, d'un studio qui lui rend de précieux services. Mais le propriétaire veut récupérer son bien. J'essaie de lui faire comprendre que je peux difficilement intervenir, d'autant qu'elle n'a pas de bail.

Vient le tour d'une délégation d'enseignants et de parents d'élèves du groupe scolaire Foyatier. Ils me demandent de les aider à convaincre le rectorat de ne pas fermer une classe dans l'établissement. C'est dans mes cordes. Il faut que je traite le problème dès lundi matin. La réclamation, compte tenu des éléments qu'ils me communiquent, est tout à fait légitime. Je suis pour une fois optimiste.

A M. L., quarante-quatre ans, on donnerait dix ans de plus. Au chômage, il touche 2300 francs par mois des ASSEDIC et en reverse 1800 à son ex-femme, à titre de pension alimentaire. Il n'a pas droit au RMI. Il faut que je fasse vérifier si l'on tient compte de la pension alimentaire dans le calcul du plafond de ressources du RMI. Il est prêt à accepter n'importe quel boulot : plongeur, aide cuisinier... Je vais chercher du côté des cantines de la Ville.

Mme R.H., jeune femme dynamique, a créé une association qui s'occupe de l'intégration des jeunes par la formation professionnelle. Elle y croit, et réussit. Elle cherche des locaux pour s'agrandir.

Mme D. est venue pour me raconter les deux agressions dont elle a été victime. Les agresseurs n'étaient pas des Français... Elle m'incite bien sûr à tenir un discours ferme sur l'immigration. J'écoute.

M. L., président-fondateur de la Ligue antivivisectionniste de France, se plaint de ne pas être aimé de la Ville de Paris. Il demande à nouveau, pour son association, un stand dans la grande exposition de défense de la nature qu'organise la mairie. J'étais déjà intervenu en sa faveur l'an dernier. A recommencer.

Mme G., au nom des locataires des HLM de la rue Firmin-Gémier, vient me demander de faire bloquer les travaux de rénovation annoncés dans le groupe d'immeubles. Illustration parfaite du problème déjà rencontré ce matin.

16 heures 45 : je quitte ma permanence en toute hâte. Il faut que je sois à 18 heures au pavillon Royal, au fin fond du bois de Boulogne, où je dois rencontrer à la place de JC le roi Michel de Roumanie en visite à Paris. Je passe chez moi en coup de vent pour troquer mon jean contre une tenue plus correcte. La communauté roumaine de Paris est rassemblée autour de son ancien souverain. Les participants me témoignent leur gratitude pour la présence et le soutien du Rassemblement. Je rencontre Doïna Cornéa. Beau sourire, riche d'humanité et de ferveur. Le roi me reçoit, avec sa fille, dans un petit salon privé. Je l'avais admiré à la télé dans une émission de Frédéric Mitterrand. Je le trouve vieilli. Il entend mal. Il nous met en garde contre les mensonges du régime au pouvoir à Bucarest, qui n'est, dit-il, qu'un avatar du régime Ceaucescu. Il souhaite que nous aidions les forces démocratiques qui sont en train de s'organiser. Il marque nettement sa différence avec les mouvements chauvinistes et réactionnaires qui réclament, en Roumanie, l'expulsion de tout ce qui n'est pas roumain. « J'ai toujours, rappelle-t-il, durant mon règne, protégé les minorités. » Sa fille est vive et très au courant de ce qui se passe sur place. Elle n'est pas, elle, interdite de séjour. Je me dis qu'une fois encore le gouvernement français fait fausse route en souriant à Iliescu et à Petre Roman.

20 heures : dîner chez Lipp.

21 heures : Paris est superbe. Le quartier Saint-Germain grouille. Toutes les galeries sont ouvertes.

Mais je suis trop fatigué pour m'asseoir à une terrasse de café. Vivement dimanche !

*Lundi 16 septembre*

Déjeuner au siège de PSA avec Jacques Calvet. Toute la conversation tourne autour de l'accord CEE-Japon sur l'automobile.

L'argumentation de Calvet est assez convaincante : selon lui, les Européens ont accepté la libre entrée des véhicules japonais sur leurs marchés pour l'an 2000, sans obtenir en retour aucun engagement sérieux des constructeurs nippons. Ces derniers sont en train de se doter dès maintenant des moyens d'augmenter leur production de « transplants » sur le territoire de la Communauté. A terme, affirme Calvet, c'est la survie même de nos grands groupes qui est menacée. Son objectif est d'améliorer la productivité de PSA de 50 % en quelques années : notre industrie automobile ne pourra s'en sortir qu'en fabriquant beaucoup plus de voitures avec beaucoup moins de salariés. C'est dire qu'elle n'aura pas besoin de faire venir de la main-d'œuvre étrangère en France dans les vingt ans qui viennent. Cela me donne un argument de poids pour mon face-à-face avec Bianco sur l'immigration. Anne Sinclair veut lancer le débat en posant la question suivante : avons-nous encore besoin de travailleurs immigrés en France ? Sous-entendu : compte tenu de la démographie de notre pays et de son évolution prévisible dans les dix prochaines années, notre économie peut-elle se passer d'un apport important de main-d'œuvre étrangère ? Si les Français ne veulent plus de certains travaux (dans le bâtiment, dans les travaux publics, dans l'industrie textile ou automobile, dans certains services collectifs telle la collecte des ordures ménagères), ne sommes-nous pas contraints de les confier à des étrangers ?

C'est la thèse de l'INSEE dans une récente étude. C'est en tout cas ce qu'en a retenu la presse car l'INSEE envisage d'autres parades à la baisse de la population active : par exemple une sortie d'activité plus tardive, un accroissement de l'activité féminine ou le progrès de la productivité.

C'est parfois aussi la thèse de certains grands patrons.

Je ne veux pas entrer dans cette logique. D'abord parce que c'est une véritable provocation vis-à-vis de l'opinion publique au moment où le chômage progresse. Ensuite parce qu'elle est faite de résignation et de renoncement. Il n'est pas du tout évident qu'on ne puisse trouver, parmi bientôt 3 millions de demandeurs d'emploi, des gens pour occuper les postes de travail disponibles. Je veux bien admettre qu'il soit nécessaire d'importer du personnel hautement qualifié, des cadres « sophistiqués » dans des domaines où nous sommes déficitaires. C'est ce que fait le Japon avec sa politique d' « internationalisation sélective ». Mais, quand il s'agit de main-d'œuvre non qualifiée, on ne me convaincra pas qu'à condition de s'en donner les moyens, il est impossible de puiser dans la réserve des sans-emploi, français ou étrangers d'ailleurs, qui gonfle les fichiers de l'ANPE.

Comment ? Par une politique très volontariste et diversifiée. Interrogeons-nous d'abord sur l'effet de dissuasion ou d'éviction que peuvent avoir les modalités actuelles d'indemnisation du chômage. Pourquoi travailler pour gagner 100 si l'on peut toucher 110 grâce à l'ANPE ? L' « indemnité différentielle » me paraît être une bonne réponse. Il s'agit de dire au demandeur d'emploi : « Acceptez ce nouveau travail payé 100 et les ASSEDIC vous verseront 10 pour que vous ne perdiez pas au change. » Cette réforme a souvent été évoquée ; elle mériterait d'être étudiée attentivement avec tous les partenaires sociaux et qu'on la mette en pratique.

Deuxième moyen de réorienter la demande de main-d'œuvre vers le « marché intérieur » : la formation professionnelle. Si l'on voulait bien passer du discours aux actes, le lancement d'un plan de très grande ampleur en faveur de l'apprentissage donnerait, j'en suis sûr, des résultats rapides et spectaculaires.

Enfin, il faut revaloriser les bas salaires et changer les conditions de travail. Ce que la Ville de Paris a fait, pour ses éboueurs, en est une bonne illustration. Les tâches ont été enrichies, notamment par une mécanisation poussée, qui permet aux agents d'être responsables d'engins de plus en plus perfectionnés. Les rémunérations ont été augmentées ; l'image même du service a été améliorée, grâce à des campagnes de communication ou à des gestes symboliques comme le changement d'uniformes. Aujourd'hui, pour un poste offert, il y a huit candidats de nationalité française. Je persiste donc : l'économie française peut aujourd'hui fonctionner avec la force de travail présente sur notre sol. On verra bien, en l'an 2000, si les conditions sont différentes.

*Mardi 17 septembre*

Journée parlementaire des députés et sénateurs RPR qui auditionnent Hélène Carrère d'Encausse. De son topo, je retiens quelques idées originales :

— le système soviétique ne s'est pas effondré parce que Gorbatchev est arrivé, mais Gorbatchev est arrivé parce que le système était en train de s'effondrer ;

— la protestation sociale, très profonde et très puissante depuis plus d'une décennie, s'est coulée dans le moule de la revendication nationale parce que c'était le seul moyen d'expression et de rassemblement à peu près toléré ;

— Eltsine a senti très tôt que la démocratisation passait par la dislocation de l'empire ;

— il est faux de dire qu'il n'y a pas de tradition démocratique en Russie : dès les XIIe-XIIIe siècles, il y avait des cités démocratiques ;

— aux yeux de la société d'aujourd'hui, la seule légitimité c'est l'élection ; pour l'opinion publique, Gorbatchev est donc illégitime.

*Jeudi 19 septembre*

Regardé hier soir de bout en bout « Le Point sur la table » d'Anne Sinclair. C'était mon face-à-face avec Bianco sur l'immigration que nous avions enregistré mardi après-midi, dans un studio à Boulogne.

Les choses ont plutôt mal commencé : je ne me suis pas du tout aimé. Débit beaucoup trop rapide et ton péremptoire. L'un va d'ailleurs avec l'autre. Calme et sérieux, Bianco était plutôt sympathique à l'image. Dans la deuxième partie de l'émission, je l'ai poussé dans les cordes ; il était sur la défensive. Quant au dialogue avec le public qui a suivi notre débat, je m'y suis senti plus à l'aise et plus naturel. Au total, je dirais : « match nul ». J'ai bien fait de regarder l'émission. C'est instructif. Il faut que je sois plus cool, moins démonstratif, moins Amstrad, comme on me surnomme parfois...

Sans doute avais-je trop préparé. J'en savais trop et je voulais trop en dire.

*Lundi 23 septembre*

Je n'ai pas pressenti le tohu-bohu qu'allaient déclencher les déclarations de Giscard au *Figaro Magazine :* à propos de l'immigration, il emploie le mot d'« invasion » et dans la réforme du code de la nationalité qu'il propose, il remet à l'honneur la notion de « droit du sang ». Ce matin, toute la presse s'en donne à cœur joie. La cacophonie se déchaîne dans l'opposition : Chirac approuve puis prend ses distances, Séguin condamne, Léotard fulmine dans les colonnes du *Monde,* Sarkozy me convainc de demander publiquement l'inscription de la question à l'ordre du jour du bureau politique de l'UPF prévu pour mercredi.

Je lis attentivement le sondage que publie *Le Figaro Magazine* et que Giscard commente. Je suis frappé par le bon sens et la mesure des réponses des Français : les solutions démagogiques, qu'il s'agisse des expulsions ou de la distribution des prestations familiales, ne font jamais une majorité. Finalement, l'opinion se retrouve sur une ligne très proche de celle que j'ai défendue face à Bianco et qui est dans le droit fil des propositions que nous avions arrêtées en commun lors de nos États généraux sur l'immigration à Villepinte en mars 1990.

Que prévoit le code de la nationalité en vigueur ? Un peu de « jus soli », un peu de « jus sanguinis ». On est naturellement français quand on naît de parents français. On peut également le devenir, sous certaines conditions, quand on naît sur le sol français. Personne ne peut demander que nous éliminions de notre code toute référence au droit du sol pour n'y laisser subsister que le droit du sang ! Toute notre histoire, la conception que nous nous faisons de la Nation vont à l'encontre d'une telle idée. Pour une fois, dans une matière aussi complexe, toutes les sensibilités de l'opinion avaient fini par se mettre d'accord. Après le retrait, en 1987, du « projet Chalandon », qui avait suscité beaucoup de critiques — plus d'ailleurs sur la forme que sur le fond —, le Premier ministre de l'époque avait créé une commission d'études présidée par un haut fonctionnaire unanimement respecté, Marceau Long. Du rapport de cette commission, déposé à la fin de la cohabitation, nous avons tiré en 1990 une proposition de loi, dont la principale nouveauté porte précisément sur les enfants nés sur le sol français de parents étrangers nés à l'étranger. Si ce texte est un jour voté, ces enfants pourront désormais demander à acquérir la nationalité française à partir de l'âge de seize ans, à condition de pouvoir justifier d'une résidence régulière en France durant les cinq années qui précèdent la demande. Car il faudra une demande et c'est justement là que réside la vraie nouveauté. Selon la formule souvent employée, lors de nos États généraux de Villepinte, « on ne doit pas devenir français sans le vouloir ».

Alors où est le débat ? A l'évidence, Giscard a voulu faire un coup et reprendre du terrain sur ses concurrents potentiels. Cela me rend furieux. Sous le choc de la colère, je prends la plume :

« Arrêtons le massacre !

« Pour tous ceux qui croient en la nécessité d'une véritable alternance lors des prochaines échéances électorales, le spectacle que donne ces temps-ci l'opposition parlementaire est navrant. Toutes les conditions d'une large victoire de l'Union pour la France en 1993 sont réunies. L'effondrement électoral du parti socialiste se confirme de dimanche en dimanche. Certes, les communistes résistent ici ou là mais qui oserait prétendre qu'ils incarnent encore une espérance ? La notion de “ gauche unie ”, à laquelle se raccrochent quelques nostalgiques de la décennie 80, n'est plus qu'une curiosité historique. Quant au gouvernement de Mme Cresson, personne n'imagine qu'il ait la capacité de redresser le pays. M. Mitterrand, selon sa propre expression, s'use dès que l'on s'en sert.

« Depuis des mois, le Rassemblement et l'UDF ont fait un effort de réflexion et de proposition considérable. Sur tous les grands sujets de préoccupation des Français, nous avons défini les lignes de force d'une politique nouvelle. C'est vrai pour l'éducation, c'est vrai pour l'emploi, c'est en particulier vrai pour l'immigration. Notre tâche désormais devrait être de diffuser ces idées d'une seule voix et de convaincre nos concitoyens qu'il existe des solutions à leurs problèmes.

« Mais voilà ! la perspective de l'élection présidentielle tourne les têtes. Une bonne demi-douzaine de " responsables " ne pensent qu'à ça. Chacun, persuadé d'avoir un destin national, se dote de son écurie personnelle, de ses locaux, de sa lettre... et n'a de cesse que de communiquer chaque matin à la presse le fruit de sa pensée sans se soucier le moins du monde de savoir s'il est en harmonie avec le projet de la famille politique à laquelle il appartient. Mais existe-t-il encore un esprit de famille dans l'opposition ? Le vedettariat individuel y gâte tout. Car, non contentes de se singulariser à tout propos et hors de propos, nos grandes vedettes cherchent avant tout à dépasser le partenaire... devrais-je dire l'adversaire. Toutes vivent dans la même obsession : " Comment puis-je montrer aux Français que je suis le meilleur, le plus sérieux, ou le plus imaginatif, ou le plus percutant ? " D'où le processus de surenchère permanente où se trouve entraînée l'opposition. Au lieu de " jouer collectif " pour tenter de faire passer un message cohérent et simple, on prend le risque de brouiller la communication de l' " Union " pour faire entendre " sa " différence. Loin d'enrichir le patrimoine commun, cet égoïsme à courte vue décourage l'électeur et prépare un véritable suicide collectif. Si nous continuons ainsi, nous risquons fort de trouver Le Pen en tête des candidats d'opposition au premier tour de la prochaine élection présidentielle. Je ne me suis pas engagé en politique il y a seize ans pour voir la France en arriver là. Et je finis par me dire : ou bien les chefs se calment, acceptent de travailler ensemble et remettent à plus tard le choix de celui qui portera seul les couleurs de l'opposition... et alors nous allons pouvoir préparer sérieusement les prochaines élections ; ou bien ils ne veulent pas entendre raison... et il va bien falloir que ceux dont la seule motivation n'est pas de s'installer à l'Élysée ou à Matignon prennent leurs responsabilités, s'adressent à l'opinion et proclament haut et fort : “ Halte au feu ! Venez travailler avec nous au redressement du pays. Aidez-nous à gagner les élections de 1993 sur des idées simples, courageuses, sans démagogie ni conservatisme. C'est avec nous que se passent les choses sérieuses. ” »

Aurai-je le courage d'envoyer demain ce papier à la presse ? Si je n'étais pas secrétaire général du RPR, je n'aurais pas cinq secondes d'hésitation.

*Toujours le 23 septembre*

Réunion du comité de sélection chargé de se prononcer sur le changement de sigle et de logo du Mouvement. Successivement, Pons, Sarkozy, Toubon... descendent en flamme l'idée qui me tient à cœur d'abandonner le sigle « RPR » pour ne garder que le mot « Rassemblement ». Certains de leurs arguments ne sont pas dénués de bon sens : Perben fait remarquer qu'au moment des élections, nous serons obligés de garder les trois lettres RPR sur les bulletins de vote si nous ne voulons pas que nos électeurs se trompent. Ce qui m'amuse, c'est le retournement de ceux qui, voici quelques semaines à peine, faisaient des notes à JC pour le convaincre que le sigle RPR était complètement ringard... et qui, aujourd'hui, ne pipent mot pour défendre une thèse qu'ils sentent minoritaire. Seul

Romani me soutient bravement. J'expose mon point de vue : RPR et bonnet phrygien ne passent plus la rampe ; le mot de Rassemblement est superbe et les logos de l'agence Carré noir très réussis ; une belle campagne d'affichage permettra de « populariser » la nouvelle image du Mouvement. JC qui avait pourtant donné son accord au projet que je lui avais proposé en août me lâche : on garde RPR, et l'on remplace la campagne d'affichage par une campagne d'annonce-presse. Mais, comme je l'ai suggéré, on consulte les militants sur les projets de logo. Après tout, cet arbitrage me convient. Ce qui m'irrite, c'est de sentir le jeu d'influence qui s'exerce sur JC. Une petite phrase susurrée au bon moment, l'air de ne pas y toucher, suffit.

Les évêques français rappellent leur opposition résolue à l'euthanasie. Ils sont pleinement dans leur rôle. Certes, l'acharnement thérapeutique est inhumain. C'est vrai qu'il y a des cas affreusement douloureux où l'on peut être amené à envisager l'interruption de la souffrance, et donc de la vie. Mais c'est vraiment le domaine de la responsabilité du médecin, de la famille et du malade. Je ne crois pas que le législateur puisse ni doive intervenir. Comment fixer dans une loi les cas où l'on peut donner la mort ? Où s'arrêter ? Où placer la barrière de l'eugénisme ? L'Église a raison quand elle édicte une interdiction absolue.

*Mardi 24 septembre*

Déjeuner très instructif avec Francis Mer, P-DG d'Usinor-Sacilor. J'aurais dû prendre des notes.

Selon lui, la récession de l'industrie française (il insiste sur le mot de récession) va se poursuivre en 1992. En revanche il y a tout lieu de penser que 1993 et 1994 seront de bonnes années. D'ici là, les licenciements vont s'accumuler. Dans la sidérurgie, la conversion de la filière classique « fonte » vers la filière « four électrique » pour le recyclage des ferrailles provoquera la fermeture des usines de Caen et d'un site en Lorraine.

Autres réflexions en vrac : le seul avenir de l'emploi, c'est la PME-PMI ; si l'on veut une politique salariale moins statique, il faut alléger les charges des entreprises et donc réduire les dépenses de la collectivité ; les prochaines privatisations devraient se faire selon des modalités plus diversifiées qu'en 1986-1988 et notamment par augmentation de capital.

Toujours selon Francis Mer, Jacques Calvet, le P-DG de PSA, a raison quand il dit que les Japonais ne se sentent nullement tenus par l'accord qu'ils ont signé avec la Communauté européenne sur la limitation de la production des « transplants ». Il suffit de lire la presse britannique pour voir que leur objectif n'est pas de produire en Europe 1,2 mais 2 millions de véhicules. En revanche, et là Mer se distingue de Calvet, les dix ans prévus par l'accord CEE-Japon pour l'ouverture complète du marché européen devraient suffire à notre industrie pour se mettre à niveau. Ou alors, l'Europe ne sera jamais compétitive.

La véritable crainte de Mer, c'est que les hommes politiques occidentaux ne sachent pas résister à la pression des nouvelles démocraties de l'Est européen et laissent entrer leurs produits sur le marché communautaire. Si des précautions ne sont pas prises, à titre transitoire, telles que des droits de douane ou des quotas d'importation, nous serons déstabilisés.

Cela me renforce dans l'idée qu'il faut imaginer un mode d'association nouveau, qui prévoie des étapes successives avant la création d'une véritable zone de libre-échange entre l'Est et l'Ouest.

Mer me dit enfin que la pression de la Commission sur les entreprises nationalisées devient insupportable. Il prend l'exemple de l'augmentation de capital qu'Usinor a préparée avec le Crédit lyonnais. Bruxelles a confié à un cabinet suisse une enquête sur place pour s'assurer qu'il ne s'agit pas d'une subvention déguisée de l'État !

Mer me fait bonne impression : compétent, solide, déterminé.

*Mercredi 25 septembre*

Enfin, la pluie chasse l'insolent soleil de ces dernières semaines qui me donnait trop d'envies buissonnières.

16 heures 30, sous des trombes d'eau, j'assiste à une émouvante cérémonie sur le parvis du Sacré-Cœur : le fondeur Dominique Bollée (huitième d'une dynastie d'entreprise qui remonte à 1715), assisté de ses trois ouvriers, coule sous nos yeux deux cloches dont l'une est destinée à l'église Notre-Dame-de-Clignancourt, en face de la mairie du 18e. Tout le petit monde sympathi-

que de Montmartre entoure son curé et ses élus. Un four de briques a été construit spécialement depuis un mois. Il est chauffé au bois de coudrier. Le cuivre, qui constitue 75 % de l'alliage de bronze, fond à 1 200 degrés, l'étain à 300. On ajoute donc l'étain au dernier moment pour qu'il ne s'évapore pas. Les moules en terre et brique sont placés dans une fosse de deux mètres de profondeur. C'est un travail de précision. Il faut éviter les poussières et scories qui pourraient gâter l'alliage. On manie le balai et même le soufflet pour nettoyer les boyaux où va couler le métal en fusion. Au moment d'ouvrir le four pour libérer la lave, l'artisan réclame le silence. Émotion presque religieuse. La coulée dure à peine une minute. L'équipe se congratule, fière de son ouvrage, visiblement consciente d'accomplir un rite séculaire. Je lis dans mon dossier qu'il y a 400 000 cloches recensées en France... et 200 000 églises !

Changement de décor à 18 heures : bureau politique de l'Union pour la France, au siège de l'UDF, rue François-Ier. Tout le monde est au rendez-vous, sauf Pasqua et Balladur, absents de Paris. Je m'étais mis d'accord avec François Bayrou sur un texte court à propos de l'immigration : « Villepinte, tout Villepinte et rien que Villepinte. » Giscard reste de marbre.

*Vendredi 27 septembre*

Deux soirées consécutives de musique, pour décrasser l'esprit et le cœur. Jeudi, à l'Hôtel de Ville, concert organisé par l'« Association pour la promotion des arts », créée en 1977 par Bernadette Chirac. Je n'avais, jusqu'à ce soir, jamais fait acte de présence. Au programme : un jeune et talentueux pianiste, Alan Gampel. Il ne me convainc pas tout à fait dans Mozart (sonate en si bémol majeur n° 17), mais je le trouve formidable de puissance et de feu dans les impromptus 1, 2 et 4 de Schubert, et d'une grande virtuosité dans *Islamey* de Balakirev. La deuxième partie était consacrée à Brahms, avec le quintette en si mineur op. 115 pour clarinette, interprété par une très bonne formation, l'ensemble Carl Stamitz. Mais je n'arrive pas à me concentrer : le clarinettiste, au demeurant remarquable, sue sang et eau, et s'empourpre dès qu'il souffle dans son instrument. Avec ses grosses joues et sa moustache luisante, il n'incite point à la rêverie...

Vendredi soir, *Lulu* au Châtelet. J'attendais cette représentation comme une épreuve. Épreuve initiatique puisque je n'avais jamais vu l'œuvre représentée à la scène ni même entendu la partition dans son intégralité. Épreuve au sens plus prosaïque du terme car la musique d'Alban Berg me reste toujours un peu étrangère, un peu impénétrable. J'avais peur de m'ennuyer. Eh bien, j'ai pris mon pied ! L'Américaine Patricia Wise, qui joue Lulu, fait davantage penser à une danseuse de cabaret qu'à Montserrat Caballé. Silhouette élancée, longues jambes sexy, poses érotiques, gouaille, et pour couronner le tout, présence vocale extraordinaire. *Le Monde* a raison de qualifier le rôle d' « effroyable », « une Reine de la Nuit doublée d'une Elektra », dit son critique. Quelques moments bouleversants : le cri de Lulu sortant de prison, « Liberté ! » La dernière scène où, au terme de sa longue déchéance, on la voit ramener chez elle ses clients pour une passe furtive. Accueil enthousiaste du public. Les mélomanes présents dans la salle comparent avec la *Lulu* de Chéreau donnée au Palais Garnier en 1979. Plus noire, plus tragique, disent-ils. J'avoue mon ignorance. En tout cas, Lissner est en train de faire du Châtelet une grande scène lyrique.

*Samedi 28 septembre*

20 heures 30. Solitude. Cet aller-retour à Nantes, pour un déjeuner-débat d'union de l'opposition, m'a fatigué. Je ne me suis pas senti très en forme. J'ai eu l'impression qu'à la moitié de mon discours, l'auditoire décrochait. Ce genre d'opération est-il utile ? Sans doute. Il y avait tous les parlementaires RPR-UDF de la région des pays de la Loire. L'union au sens concret, quotidien du mot.

*Dimanche 29 septembre*

20 heures, journal de TF1. Mystère insondable de l'information. Claire Chazal ouvre sur le succès de la manifestation des agriculteurs aujourd'hui dans Paris : « Beaucoup de monde (200 000 à 300 000 personnes selon les estimations), calme et dignité. » C'est très exactement ce que j'ai constaté en défilant. Mais les commentaires qui suivent me laissent perplexe : « Pas de slogans antigouvernementaux. Indifférence à l'égard des leaders de l'opposition... » Cela ne correspond pas du tout à ce que j'ai vu et entendu. Sur toutes les banderoles, j'ai lu : « Cresson au pilon, Charasse à la casse, Mitterrand fous le camp. » La photographe qui

m'accompagnait a été surprise par la cordialité de tous les paysans que je rencontrais : « Le RPR, Juppé avec nous... » Décalage habituel entre le vécu et le « on-dit », fût-il journalistique ? Ou malveillance organisée ? Il faut dire que le gouvernement avait mis le paquet pour dissuader les Parisiens d'aller juger par eux-mêmes : prédictions apocalyptiques sur les risques de bagarre, blocage systématique de toutes les voies d'accès. Même la météo s'y était mise en annonçant des tornades, alors qu'il a fait une délicieuse journée d'automne. Que sortira-t-il de tout cela demain ? Le gouvernement va-t-il enfin bouger ? Nous serons très attendus par le monde paysan et rural en 1993. A noter la charge de Le Pen contre la FNSEA et les organisations agricoles. Ce type est vraiment un danger public qui mine toutes les structures de la société. Technique typiquement fasciste. Nous aurons un jour ou l'autre à l'affronter durement.

Autre sujet de réflexion, non moins passionnant et grave : l'annonce faite par George Bush de l'élimination des armes nucléaires de courte portée. Bonne nouvelle, certes. Mais, dans l'immédiat, si le geste est vraiment unilatéral, c'est l'Europe qui est à découvert face à l'armement tactique considérable et mal contrôlé de l'ex-URSS. Il est urgent que Gorbatchev et Eltsine suivent. En toute hypothèse, il va falloir aller encore plus loin que nous ne l'avons fait pour l'instant dans la révision de tous nos concepts de défense. Il ne suffit pas d'affirmer que le monde est instable et dangereux pour justifier une croissance de 3 à 4 % en francs constants du budget d'équipement des armées. Il faut remonter au commencement : de quelle dissuasion avons-nous besoin aujourd'hui, puis demain, si les deux super-puissances nucléaires réduisent vraiment leurs arsenaux ? Combien nous coûtera réellement une armée professionnelle ramenée à un effectif ajusté à ses nouvelles missions ? Il nous faut tout reprendre à zéro.

*Mardi 1er octobre*

Débat, hier, au conseil de Paris sur le squatt du quai de la Gare dans le 13e. Jacques Toubon, maire de l'arrondissement, fait une excellente intervention. Il rappelle d'abord les faits : cent squatters environ au « démarrage » en juillet dernier, plus de six cents aujourd'hui et le chiffre augmente de jour en jour. Comment en est-on arrivé là ? Deux responsables : d'abord les professionnels de l'humanitarisme qui ont rameuté tous les mal-logés de la région parisienne. Puis, le préfet de police qui continue à refuser d'exercer le moindre contrôle à l'entrée de la zone. La réponse de ce dernier à Toubon en dit long sur l'état de dégradation de la morale publique. Le préfet indique que les conditions d'occupation de cette propriété sont manifestement illégales mais ne constituent pas un délit et ne peuvent donc pas être sanctionnées.

A bon entendeur, salut. Vous pouvez occuper le terrain de votre voisin impunément, ce n'est pas un délit ! Ce juridisme pointilleux serait-il appliqué si les squatters allaient s'installer sur la pelouse de Matignon ou celle de l'Élysée ? C'est à l'évidence une manœuvre destinée à gêner le maire de Paris. En toute hypothèse, s'il y a vide juridique, c'est le devoir de l'État de le combler dans les plus brefs délais. Ces exemples de passivité calculée me paraissent terriblement inquiétants ; ils alimentent le doute et le rejet de plus en plus forts que les Français ressentent vis-à-vis de l' « establishment ». C'est la porte ouverte à la démagogie. C'est même, je le crains, le début d'un processus de déstabilisation de la démocratie. Tous les fascismes naissent de la décadence de l'autorité de l'État démocratique. Et qu'on ne vienne pas nous dire que, si le pouvoir socialiste agit ainsi, c'est parce qu'il a plus d'humanité que la « droite ». Toubon a dit tout ce qu'il fallait dire sur la volonté de la Ville de prendre en compte les situations individuelles et de mettre en œuvre tous ses moyens, qui sont nombreux, pour aider les foyers vraiment démunis. Mais reconnaître officiellement aux squatters un droit au relogement, ce serait donner une formidable prime au vol du bien d'autrui et pénaliser les honnêtes gens qui déposent leur dossier de demande de logement en mairie et attendent sagement que le sort leur sourie. Voilà encore un problème qui ne peut manquer de s'aggraver. Le 18e ne sera pas épargné. Le squatt de la rue Coustou, près de la rue Lepic, regroupe déjà plus de six cents personnes selon nos estimations ! Et la police m'indique clairement que son évacuation n'est pas dans ses priorités. Pendant ce temps-là, le voisinage se plaint à juste titre des nuisances, de la délinquance, du trafic de drogue étalé au grand jour. L'opposition municipale accuse la politique de logement social du maire de Paris. C'est pure polémique. Les socialistes sont mal placés pour nous donner des leçons en ce domaine quand on sait que les mises en chantier de logements sociaux se sont effondrées depuis 1981 sur l'ensemble du territoire national. Quant à Paris, je défends depuis des années la thèse selon laquelle il est absurde de vouloir régler le problème du logement à l'intérieur du périphérique. Les terrains sont de plus en plus rares, Paris est un espace fini. Qui plus est, nous voulons davantage d'espaces verts, et des constructions moins hautes et moins denses ! C'est la quadrature du cercle ! En vérité, l'approche du problème doit être régionale. Chaque commune, chaque département veut conserver la maîtrise de son sol ; et l'égoïsme est également partagé entre collectivités de « droite » et collectivités de « gauche ».

Je ne comprends pas bien l'attitude du gouvernement français à Bruxelles. Il vient d'accepter, au lendemain de la grande manifestation paysanne, de lever les réserves françaises contre la libre importation de viande en provenance de Pologne, Hongrie et Tchécoslovaquie. La contrepartie serait le financement de la réexportation de ces viandes vers l'URSS. Nos paysans vont-ils comprendre la subtilité de ce circuit ?

René Lacombe, président de la FNSEA, semble approuver. Je suis sceptique sur notre capacité à contrôler efficacement ce type d'échanges. C'est trois jours avant la manifestation du 29 septembre que l'inénarrable Charasse a fait exercer, aux frontières, des contrôles sérieux sur les chargements de viande. Combien de temps cela durera-t-il ? On s'apercevra bientôt que les viandes entrent et ne ressortent pas.

*Mercredi 2 octobre*

Enfin ! Le mouvement gaulliste se décide à prendre une position claire et novatrice sur le service national.

Cela fait des années que nous tournions autour du pot. Nous étions pour l'armée de métier et nous avions pour cela la caution du Général lui-même. Mais nous n'osions pas le dire pour ne pas mécontenter ceux qui, dans nos rangs, restaient sensibles à la mythologie de la conscription. Il ne fallait pas non plus contrarier la hiérarchie militaire pour qui le contingent était une sorte de matière première indispensable. Le bouleversement de toutes les données stratégiques en Europe et hors d'Europe a rendu la révision de ces certitudes anciennes inévitable. J'ai le sentiment d'avoir un peu aidé à l'accouchement de notre nouvelle doctrine. D'abord en convainquant François Fillon — notre « spécialiste militaire » qui défend cette idée depuis fort longtemps — de se joindre au petit groupe de réflexion que j'avais constitué avec la bénédiction de JC. Ce groupe nous a permis d'engager le débat avec ceux de nos experts qui restaient acquis à l'idée d'une armée de terre relativement nombreuse, dont le recrutement supposait le maintien de la conscription. Une fois les esprits préparés, nous avons pu faire avancer l'affaire devant le bureau politique où le soutien de Pierre Messmer nous a été utile. La concertation avec les sénateurs et les députés plus particulièrement intéressés par le dossier a été plus aisée que je ne le pensais. Fillon a très bien vendu sa thèse au bureau du groupe. Chirac a senti que le moment était venu de peser de tout son poids. Séguin opinait naturellement quand Fillon parlait. Seule Nicole Catala a tenté un baroud d'honneur pour le maintien de la conscription. Ah, ces femmes qui vous expliquent que le service militaire est le ciment de la nation !

Désormais notre ligne est claire : nous voulons aller

vers une armée de terre professionnelle, composée de 150 000 à 180 000 hommes. Cette évolution se fera sur cinq à six ans. A terme, cela nous conduira à remettre complètement à plat le dossier de la conscription, avec une option qu'il conviendra de trancher le moment venu : soit la suppression pure et simple, soit le maintien d'un service militaire de trois à quatre mois, mais qui n'aura plus rien à voir avec le service actuel puisqu'il correspondra à une période d'instruction et qu'il n'y aura plus d'appelés dans les unités.

Il va maintenant falloir poursuivre notre réflexion sur le budget des armées. Je sens que l'UDF est à son tour tentée de toucher les « dividendes de la paix » et d'isoler le RPR dans une position qui serait présentée comme conservatrice. On voit les bénéfices électoraux de ce virage tactique.

Nous devons partir de l'essentiel. De quoi la France a-t-elle besoin pour assurer sa sécurité ? Tant que les super-puissances nucléaires n'ont pas drastiquement et effectivement réduit leurs arsenaux, nous devons conserver une force de dissuasion suffisante. Qu'est-ce que cela veut dire concrètement ? Combien de sous-marins nucléaires lance-engins (SNLE) de nouvelle génération ? Quelle deuxième composante ?... En outre dans le domaine conventionnel, nous faisons le choix d'une armée de métier et nous savons que le coût d'une telle armée est équivalent ou un peu supérieur à celui de l'actuelle armée de conscription de 280 000 hommes (je parle de l'armée de terre). Dans ces conditions, où fera-t-on des économies ? Le maintien d'un effort de défense important et, plus précisément, une augmentation régulière des crédits en francs constants sur plusieurs années sont indispensables. Il faut opposer à la démagogie une approche méthodique et rigoureuse car c'est un domaine où l'improvisation ou l'approximation ne sont pas acceptables.

Déjeuner chez Benoît, robuste et succulente cuisine. J'échange avec le patron mes impressions sur sa recette de rougets. Il utilise cette jolie formule : « Le rouget est la bécasse de la mer. » Il veut dire par là qu'en toute orthodoxie, il ne faut vider ni l'un ni l'autre, et en tout cas utiliser les entrailles. Grimace des Parisiens.

*Le Soulier de satin,* version Vitez, sur la 7. Je reste un peu dépassé par l'ampleur du sujet. Puissance du verbe, comme un torrent. Ce que je comprends : la passion amoureuse qui dévore Doña Prouhèze et Rodrigue. Pour la dimension mystique, il me faudra quelques relectures. Combien de téléspectateurs étions-nous, ce soir, sur la 7 ? Mais quelle plus noble justification du service public ? S'il ne fait pas cela, personne ne le fera à sa place.

*Jeudi 3 octobre*

Réunion importante à 11 heures 30, rue de Lille, sur le choix entre quinquennat et septennat. Je l'ai convoquée pour tenter de dégager une position commune que je pourrais, le cas échéant, faire figurer dans le projet soumis au Congrès des 26 et 27 octobre prochains. Tout le monde est venu : Pons, Chaban, Schuman, Guichard, Mazeaud, Séguin, Devedjian, Poujade, etc.

Éternelle querelle entre les Anciens et les Modernes.

Les barons en tiennent pour le septennat. Certains invoquent les ultimes volontés, à eux confiées, du général de Gaulle. D'autres nous expliquent que, s'ils ont voté en 1973 le projet de Pompidou de réduire à cinq ans le mandat présidentiel, c'était pour ne pas contrarier l'action d'un président déjà miné par la maladie. Tous s'accordent à affirmer que passer de sept à cinq ans, ce serait affaiblir le pouvoir présidentiel, clef de voûte de nos institutions. Les Modernes (Devedjian, Séguin, Tibéri, mais aussi le sénateur Masson...) ont beau jeu de souligner que de Gaulle ne se figeait jamais dans ses certitudes et qu'il a donné de nombreux exemples de changements profonds sur des questions essentielles. Pragmatisme d'abord. Ils insistent sur la crise de nos institutions et le besoin de réforme exprimé un peu partout dans le pays. Adversaires et partisans du quinquennat se retrouvent sur un point : le raccourcissement du mandat présidentiel modifierait toute l'architecture constitutionnelle et nous conduirait inéluctablement à un régime présidentiel. Séguin soutient cette thèse avec une particulière vigueur. Son argumentation : un président nouvellement élu pour cinq ans s'empresserait de dissoudre l'Assemblée nationale pour faire élire une majorité parlementaire à sa dévotion. Dès lors, le droit de dissolution deviendrait de facto caduc.

Je trouve l'argument spécieux. Le passage au quinquennat devrait en effet s'accompagner d'un renforcement du rôle du Parlement (limitation du recours à l'article 49.3, développement de l'initiative et du contrôle parlementaires...). Une Assemblée rétablie dans son rôle de contrôle du pouvoir exécutif pourrait très bien entrer en conflit avec celui-ci et la seule manière de dénouer ce conflit sans drame, c'est de maintenir le principe de la responsabilité du gouvernement devant l'Assemblée, et donc le droit de dissolution.

Il faut en tout cas poursuivre la discussion. Peut-être pourrais-je faire avancer la réflexion comme pour le service national et l'armée de métier. Balladur, que je mets au courant des conclusions de cette réunion, condamne en termes péremptoires le conservatisme des barons. « Il nous faut les institutions qui nous seront profitables. De Gaulle a souvent varié, en fonction de ce qu'il pensait être son intérêt. » Dommage qu'il ne soit pas venu le dire ce matin devant les parlementaires réunis rue de Lille. Avec nos grandes vedettes, la concertation est un art difficile.

*Vendredi 4 octobre*

Belle unanimité nationale contre la décision de la Commission de Bruxelles interdisant le rachat de l'avionneur canadien De Havilland par l'Aérospatiale et une entreprise italienne. Élisabeth Guigou déplore. Quilès s'indigne. J'exprime la réprobation du RPR. Au-delà même du fond, il y a la procédure : quelle est la légitimité sur laquelle s'appuie Sir Léon Brittan, le commissaire chargé de la concurrence, pour régenter ainsi l'industrie française et européenne ? Si les eurocrates de Bruxelles continuent à jouer les zorros, la révolte va gronder de plus en plus fort contre une certaine conception de la mécanique communautaire.

Sondages de fin de semaine : Mitterrand et Cresson sont en chute libre dans *Le Figaro Magazine*. Mais tous les responsables politiques, y compris ceux de l'opposition, les suivent sur la pente savonneuse. Je ne fais naturellement pas exception. J'ai beau essayer de travailler sérieusement (comme je l'ai fait sur l'immigration pour « Le Point sur la table ») ou de prendre mes distances (comme dans mon papier « Arrêtons le massacre »), je suis prisonnier de cette effrayante solidarité : tous pareils ! C'est un peu décourageant. Seuls les silencieux, Rocard, Barre, Delors... semblent tirer leur épingle du jeu. J'ai le sentiment que les Français veulent donner un coup de balai général, majorité et opposition confondues.

Commencé la lecture de *Capitalisme contre capitalisme,* de Michel Albert. La thèse est simple : d'un côté le capitalisme de type anglo-saxon, hyper-libéral, individualiste, égoïste, très « struggle for life » ; de l'autre, le capitalisme rhénan, plus collectif, beaucoup plus soucieux des solidarités... Je ne sais pas encore où il classe la France. Capitalisme latin ?

Les premiers chapitres dressent un tableau apocalyptique de l'Amérique reaganienne, caractérisée par le dualisme social (des riches plus riches, des pauvres plus pauvres), le déclin industriel, l'accumulation des déficits... Est-ce caricatural ? On retrouve en tout cas les qualités habituelles de l'auteur : clarté et force de l'argumentation. Je ne sais comment définir cet art de capter l'attention, non point par la recherche de la forme qui est banale mais par l'évidence de l'enchaînement des idées. On se laisse prendre, même si l'on sent que tout est organisé pour illustrer une thèse assenée dès le départ :

« Voici ma vérité et je le prouve. » Efficace. Peu de doute méthodique.

*Samedi 5 octobre*

Les vendanges de Montmartre. Chaque année, je me dis que ce rite est devenu désuet et n'intéresse plus personne. Pourtant, chaque année, je me sens bien au milieu de ce public simple et chaleureux, qui prend sa joie sans calcul et sans impatience. Et puis, pourquoi ne pas l'avouer, il est doux de défiler sur les pentes de la butte au milieu des applaudissements, des encouragements et des sourires de sympathie. L'*homo politicus*, plus que tout autre, aime être aimé. Le bain de foule est, à tous les niveaux, une drogue puissante contre laquelle tous les contrepoisons sont jusqu'alors restés vains...

*Dimanche 6 octobre*

Dîner chez l'Ami Louis. La « bouffe » comme on ne la pratique plus à Paris ! Il faudrait toute une journée, des heures en tout cas, pour assimiler de telles quantités d'aussi délectables nourritures. Les festins de mon enfance me reviennent à la mémoire, à Campagne, à Villeneuve-de-Marsan, à Mont-de-Marsan, quand le temps s'étirait. A l'époque, cela m'était supplice, sentiment de moments précieux volés à la lecture ou à la musique. Aujourd'hui que l'âge vient, je m'abandonne avec de plus en plus de gourmandise à la volupté de la bonne chère, à la griserie des vins riches. Mais je ne sais toujours pas perdre mon temps, me laisser aller à cette forme de plaisir dont je goûte chaque instant mais dont je hâte le terme. Ce n'est pas à 10 heures du soir qu'il faudrait lever le camp, mais au petit matin, après toute une nuit de digestion et de conversation. Paris, au bout du compte, et les Parisiens de l'an 2000 ne sont pas vraiment rabelaisiens. Il y a toujours la sonnerie d'un réveil qui vous hante...

Un peu de « zapping », en rentrant, devant mon poste. Mais qu'est donc devenue la télé ? Sur la 6, un film prétendument érotique, d'une laideur et d'une imbécillité proprement accablantes ! Sur A2 « Bouillon de culture », plutôt bonne émission d'ailleurs, où Bernard Pivot reçoit Pierre Bergé, patron de l'Opéra-Bastille (et d'Yves Saint Laurent...) et l'écrivain Paul-Loup Sulitzer. M. Bergé explique en long, en large et en travers la mauvaise conscience que lui donne la fortune qu'il a amassée. Sa thèse est que l'argent gagné est toujours peu ou prou volé à la collectivité !!! Quand on croit dur comme fer à cela et que l'on ne cherche pas tout simplement à faire sa pub à coups de bons sentiments, alors il n'y a qu'une voie : celle de François d'Assise...

*Lundi 7 octobre*

Quand j'ai entendu, ce matin, annoncer à la radio que Jean d'Ormesson était prêt à sauter en parachute avec Maurice Rheims et Jack Lang au-dessus de Dubrovnic pour voler au secours de la ville, j'ai trouvé l'idée un peu ridicule. Mais je viens de lire l'appel de d'Ormesson dans les colonnes du *Figaro*. J'y ai senti tant de vraie colère, tant d'émotion authentique, une telle volonté de ne pas accepter l'irréparable, que je révise mon jugement. Je ne connais pas Dubrovnic. Mais j'imagine ce que j'éprouverais si les canons étaient pointés sur Saint-Marc, le palais des Doges ou les demeures du Grand Canal. L'expression « patrimoine de l'humanité » prend ici tout son sens.

23 heures, que la journée a été longue ! Achevée il y a quelques minutes par une dernière rencontre plutôt stimulante : Marie-Jo, une de mes fidèles du 18$^{e}$, avait réuni chez elle une dizaine de policiers (des « flicards », comme ils disent en parlant d'eux-mêmes), dont deux en retraite et les autres en activité dans le 18$^{e}$ arrondissement ou à l'état-major de la préfecture de police. Apparemment, ils ont un formidable besoin de parler et d'exprimer leur ras-le-bol. Je les écoute pendant deux heures.

Deux îlotiers d'abord : « Nous ne servons à rien dès lors qu'on nous a donné pour consigne de nous abstenir de tout geste répressif. Pas la moindre interpellation ni même le moindre procès-verbal. Les gens, qui au début nous accueillent bien, finissent par s'en rendre compte et nous disent leur déception. » Découragement aussi chez cet inspecteur en civil qui traque le délinquant sur la voie publique. Il se dit effrayé par la dégradation de la situation, par exemple au square Villette où il n'est pas rare de retrouver en une seule matinée soixante à soixante-dix portefeuilles vidés de leur contenu. Récit quasi horrifié de sa nuit du 31 décembre sur les Champs-Élysées où son équipe et lui-même assistent — impuissants — (ils n'ont pas le droit d'intervenir hors de leur zone de compétence) aux exploits d'une bande de cinquante lascars qui rançonnent, agressent et vont même jusqu'à déshabiller complètement, en pleine rue, deux jeunes Américaines. Témoignages : « Une famille de touristes d'Afrique du Nord nous interpelle et nous confie que si la France laisse perpétrer de tels agissements, ils ne remettront plus les pieds chez nous ! » Et toujours le même découragement : « Les dealers ou les prostituées que nous avons déférés au Parquet les jours pairs reviennent nous narguer les jours impairs. Quand nous appréhendons pour la quatrième ou la cinquième fois un voleur à la tire, nous avons envie de lui « filer une claque », mais nous savons parfaitement que si nous cédons à la tentation, nous avons toutes les chances de nous retrouver nous-mêmes au trou. Alors, nous restons de plus en plus souvent passifs. »

Pourtant, je les sens encore amoureux de leur métier, plus impatients d'être commandés que tentés de démissionner. Je leur pose franchement la question : « Les choses étaient-elles vraiment différentes de 1986 à 1988 ? » Réponse unanime : « Oui, nous avions confiance en notre hiérarchie. » Sans doute l'échantillon comporte-t-il peu de socialistes convaincus ou même déçus. Mais ils ne me donnent pas du tout le sentiment d'en rajouter. Pas une référence à Le Pen, sinon pour craindre qu'il n'attire de plus en plus d'électeurs exaspérés. Le plus impressionnant, c'est l'attente qu'ils placent en nous. Pour « faire le ménage » bien sûr, et remettre les syndicats et d'abord la FASP à sa place. Mais aussi pour changer la loi et leur donner les moyens de protéger réellement les honnêtes gens. L'un d'entre eux n'a pas de mots assez durs pour certains magistrats qui n'appliquent pas les lois. Exemple vécu à l'audience : à un petit malfrat accusé de toute une série de vols, le juge déclare : « Je ne veux plus vous voir à Paris, alors vous allez partir faire la vendange dans l'Hérault, puis vous remonterez sur l'Alsace et quand vous aurez terminé, vous reviendrez me voir avec tous vos papiers tamponnés... » Il faudra beaucoup de détermination et de courage pour ne pas décevoir ces hommes quand nous aurons repris le pouvoir.

*Mercredi 9 octobre*

Réunion avec cinq responsables des « ressources humaines » de grands groupes industriels au siège de l'Union des industries métallurgiques et minières (UIMM), notamment Peugeot, Schneider et CGE. Ma question est à la fois simple et un peu naïve : « Quel message un mouvement politique comme le RPR peut-il adresser à des ouvriers de l'industrie ? » La discussion a du mal à démarrer. Peu à peu, l'atmosphère se réchauffe. Au milieu de réflexions assez banales (« la formation est la clef de tout », « il faut jouer la carte de l'excellence et de la qualité... »), je glane un certain nombre d'idées intéressantes :

On ne peut transposer purement et simplement en France le système d'apprentissage à l'allemande car cela reviendrait à faire payer nos entreprises deux fois (une fois pour l'éducation nationale par l'impôt, une fois pour leur propre dispositif d'apprentissage). Ce n'est pas le cas en Allemagne où les charges fiscales et sociales sont pratiquement moitié moindres qu'en France, ce qui permet aux entreprises allemandes de dépenser beaucoup plus pour leurs propres systèmes de formation. Si l'on veut convaincre leurs homologues françaises d'en faire autant, il faut alléger les prélèvements que l'État leur impose.

Les salariés prennent de mieux en mieux conscience de la lourdeur des retenues opérées sur leur salaire brut ; on parle toujours du SMIC à 5 200 F, mais, en net, cela fait pratiquement 1 000 francs de moins ! Il est donc tout à fait judicieux de préconiser la baisse des charges et l'accroissement du salaire direct.

Le plus intéressant, c'est ce qu'ils me disent sur la participation et l'actionnariat. La participation est très bien ressentie. L'une des manières de la rendre encore plus attractive serait d'autoriser la distribution annuelle des intérêts produits par les sommes immobilisées. Chez Peugeot, cela pourrait représenter jusqu'à 2 000 francs par an, alors que beaucoup de conflits sociaux sont déclenchés pour une prime de 500 francs. Quant à l'actionnariat, il reste populaire. Chez Alsthom, plusieurs augmentations de capital ont été réservées aux salariés qui les ont massivement souscrites. Sur 100 000 salariés du groupe en France, 65 000 sont actionnaires par le biais d'un fonds commun de placement. Ils élisent un conseil de surveillance du fonds et des administrateurs représentant les salariés-actionnaires. La participation à ces élections est de l'ordre de 85 %, beaucoup plus élevée qu'aux élections professionnelles. La pédagogie de l'actionnariat est très féconde pour l'entreprise elle-même.

J'en conclus qu'il ne faut pas céder au scepticisme qui a cours parfois jusque dans nos rangs : la participation reste une idée porteuse. Le slogan « Rendre les salariés copropriétaires de leur entreprise » est un bon slogan. Le représentant d'Alsthom me fait remarquer qu'avec 5 % du capital, les salariés sont le deuxième actionnaire de l'entreprise, après la Société générale !

Approbation des participants à ma « marotte » : il faut donner à chaque salarié une espérance de carrière, non seulement en termes de salaire mais aussi de responsabilité. Chaque salarié doit avoir un « projet individuel », dont le succès sera fonction de ses efforts et de son mérite, l'entreprise assurant l'égalité des chances et les actions d'accompagnement (formation continue principalement). Mais nous convenons tous que cette formulation reste un peu théorique et intellectuelle.

Dernier message de mes interlocuteurs : il faut trouver le moyen de rassurer les salariés sur leurs retraites, car il y a dans ce domaine une véritable angoisse.

Nous terminons la soirée par une conversation plus politique. C'est un échantillon intéressant de cadres supérieurs, évidemment acquis à la cause de l'opposition mais déroutés par les problèmes de personne qui la divisent.

J'explique le système des primaires qui semble les séduire. Ils expriment leur rejet de plus en plus répandu du couple infernal Giscard-Chirac. Leur peu de sympathie pour Le Pen. Leur rancœur contre Barre. Noir n'a pas la cote. Léotard les laisse sceptiques. Séguin les intéresse. Ils s'interrogent sur Balladur. Bref, ils sont à la recherche d'un homme nouveau.

*Jeudi 10 octobre*

Retour du cinéma : *Urga,* film franco-soviétique du réalisateur Nikita Mikhalkov. L'urga, c'est une longue perche de bois terminée par un lasso. Les cavaliers mongols s'en servent pour capturer leurs bêtes... ou leurs femmes indociles. Quand ils font l'amour, ils la plantent dans le sol de la steppe afin d'écarter les importuns. Superbe film. Les images sont sublimes : la steppe au printemps balayée par les vents, les chevaux au galop dans les rivières, les oiseaux de proie tournoyant au-dessus des charognes. Les acteurs sont étonnants, surtout le chauffeur russe, blond et rocailleux, plus russe que russe. Et aussi le berger mongol (acteur professionnel ou vrai paysan ?), plus vrai que nature. Des moments drôles, quand Gombo le berger reste perplexe devant le rayon de préservatifs de la pharmacie de la ville voisine... Rudesse et poésie, vitalité et tristesse. Un monde bascule quand le poste de télévision fait son entrée sous la yourte. Les cheminées d'usine se rapprochent du campement. Le fils du berger nomade sera ouvrier. Laideur insoutenable de la ville, pareille à toutes les villes des pays qui se développent. Le plus fort, c'est la manière de dire l'amour du couple, confronté à une vie toute faite de dureté. Dureté du climat, dureté des relations humaines avec l'oncle poivrot ou les citadins pleins de mépris, pauvreté, difficulté d'élever les enfants, réticences devant la contraception et fatalité des grossesses à répétition... Et tout d'un coup des gestes simples. D'une humanité qui en dit plus long que toutes les déclarations d'amour du monde : le partage d'une pomme et d'un œuf, sans même un regard échangé. La complicité est si profonde, si chaude qu'elle irradie le spectateur. Du grand cinéma.

*Vendredi 11 octobre*

Dur moment ce matin : les obsèques du fils de C. Un garçon de vingt-cinq ans, victime il y a six mois d'un accident de la circulation et paralysé depuis lors. Visage ravagé de la mère dont il était le fils unique. Les paroles du prêtre n'ont ce matin aucune prise sur moi : « La mort n'est que passage, P. reste parmi nous, Dieu l'a rappelé à lui pour le soustraire au mal, nous le retrouverons dans une vie meilleure... » Je me sens dur comme un silex au fond de mon cœur. Fermeture à toutes paroles de consolation et d'espérance. Je ne vais pas communier, infidèle aux conseils de Pascal, naguère suivis au pied de la lettre : faire les gestes de la foi pour retrouver la foi. Seule la voix du baryton entonnant le *Libera me Domine* du *Requiem* de Fauré me noue la gorge. Pourtant Pascal a raison : il faut que le cœur craque ; tous les arguments les plus rationnels ne suffisent pas à briser la carapace du doute et de l'incrédulité. J'ai lu cet été, comme tout le monde, *Dieu et la science* des frères Bogdanov et Jean Guitton. Peu importe les accusations de plagiat. J'ai apprécié le talent de vulgarisation et une fois encore j'ai été fasciné par l'aventure du big bang. Plus extraordinaire encore, cette découverte (pour moi) qu'à l'extrême limite de la matière, tout se brouille : où est le spirituel, où est le matériel ? Le vieux dualisme de vingt siècles de réflexion philosophique s'abolit. Et pourtant, il manque encore en moi un déclic, ce choc salvateur qui terrasse Pascal ou Claudel, bref la grâce qui fait passer de la tentation rationnelle de croire à l'adhésion de tout l'être, à cette émotion au sens fort du terme que je ressentais dans les petites crises mystiques de ma première adolescence. Le temps reviendra-t-il ? Retrouverai-je le temps ?

*Jeudi 24 octobre*

Cet après-midi, il y avait « censure » à l'Assemblée nationale. La première de l'automne. Un « 49.2 » déposé par l'opposition pour sanctionner la politique budgétaire du gouvernement. Pas vraiment de surprise à en attendre, puisque, fidèles à eux-mêmes depuis mai 1988, les communistes avaient annoncé qu'ils ne mêleraient pas leurs voix à celles de la droite... J'étais l'orateur du groupe RPR, avec deux messages à faire passer : 1) Nous avons une autre politique à proposer aux Français. 2) A force de rechercher le consensus pour sauver leur peau, les socialistes créent toutes les conditions d'une crise politique majeure. Plus on convainc les Français que l'opposition ferait à peu près la même politique que le pouvoir actuel, plus on les pousse vers l'abstention. Ayons le courage de nos opinions respectives : « Vous, c'est vous, et nous, c'est nous. »

Mon discours est apparemment bien passé, sans plus, mais je ressens toujours la même frustration quand je prends la parole à l'Assemblée : l'auditoire est odieux, même si les « amis » font des efforts méritoires pour vous soutenir. Et puis, les retombées ne sont jamais à la mesure du travail consenti pour écrire un bon texte. Mais enfin, c'est un rite. Je n'ai pas vraiment la fibre parlementaire. Ces interruptions, ces vociférations, ces rappels au règlement, ces artifices de procédure dont certains font leurs délices me semblent affreusement artificiels et vains.

Dîner chez les B. Parmi les invités, Claude Imbert, Bernard-Henri Lévy et Arielle Dombasle, Guy Béart et quelques autres... Mais le roi de la fête, c'est incontestablement Jean d'Ormesson qui débarque à 22 heures, dans un costume froissé, avec une barbe de deux jours. Directly from Bari. Il vient de tenter avec Jean-François Deniau de pénétrer dans Dubrovnic assiégée. Il nous conte par le menu son équipée à bord d'un hydroglisseur italien piloté par un marin croate. A quelques encablures de la côte, une vedette de l'armée fédérale menace de les canonner, malgré leur sauf-conduit. L'agresseur prétend ne recevoir ses ordres que du seul Milosevic. C'est l'anarchie. Le règne des bandes, presque des seigneurs de la guerre...

*Dimanche 27 octobre*

Ouf, fin du congrès du RPR. Honnêtement, et même si je suis à la fois juge et partie, je ne crois pas me faire beaucoup de cinéma en affirmant qu'il est réussi sur quasiment toute la ligne.

La journée de samedi a été passionnante : beaucoup de monde dans nos trois forums et des débats d'une qualité que j'avais rarement trouvée dans nos réunions. Cela donnait un sentiment de sérieux, de conviction et de force. Dimanche, changement de décor dans l'immense salle du palais des Congrès, porte Maillot à Paris. A 11 heures, la salle était pleine, à 15 heures, bondée. Les discours se succèdent selon l'horaire prévu. Pasqua et Séguin sont très bons et très applaudis. Balladur en rajoute visiblement dans le style « plus ennuyeux que moi tu meurs ». Je m'en tire bien, Chirac aussi... Longue ovation de la salle qui le remplit d'aise... Pendant le déjeuner, Dailly, vice-président UDF du Sénat, me murmure : « Quand on voit ce qu'est un vrai parti politique... on a envie de vous rejoindre... » Il ne faut pas hésiter !

Mais comme toujours, ce qui compte, c'est moins la réussite de la réunion, la joie des militants, le sentiment de la tâche accomplie et du pari tenu, que l'image qu'en donnera la presse. Si j'en crois les premiers journaux radio, ce qui ressort c'est l'appel de Chirac aux écologistes (tant mieux) et le débat sur les institutions (tant pis).

Seule contrariété : l'initiative de Bernard Pons, qui, sans prévenir personne, a publiquement rompu l'engagement que nous avions pris de refuser d'une même voix tout changement du mode de scrutin avant les législatives. Il risque de donner ainsi un très bel argument à Mitterrand : « Mais voyez donc, même au RPR, ils sont prêts à changer la loi électorale ! »... Cela risque de faire du schproumf dans le Mouvement.

*Lundi 28 octobre*

Quelle journée !

Je commence sur RTL où je suis l'invité de Philippe

Caloni. Je suis guilleret. Mon congrès a été une réussite. La presse donne du RPR l'image d'un parti uni et résolu.

Rendez-vous ensuite avec l'ambassadeur d'Afrique du Sud. Il m'invite à me rendre dans son pays. Cela me tente. De Klerk réussira-t-il ? Son courage m'impressionne. Certes, il n'avait pas le choix. Mais combien de politiques s'entêtent même quand ils ont le dos au mur !

Rendez-vous avec le docteur Zafy, « Premier ministre » des « Forces vives » de Madagascar. Calme, sans grand charisme. Il appelle à l'aide. Je l'assure de notre soutien. Mais concrètement, matériellement, que puis-je faire ?

Déjeuner avec le P-DG d'Elf Aquitaine, Le Floch Prigent, au siège d'Elf à la Défense. Il me propose d'aller visiter une plate-forme de forage en mer du Nord. Il faut que j'y aille.

Après-midi, 18e : cap sur le stade des Fillettes, dans ce coin tristounet de l'arrondissement, coincé entre le périphérique et le boulevard Ney. Beau combat, beau succès. Il y a trois ans, l'endroit était quasi désaffecté. La CGT diffusait des tracts : « Chirac n'aura pas les Fillettes. » Nous avons tenu bon. Nous avons renouvelé nos offres de coopération et, finalement, le comité d'établissement a craqué. Aujourd'hui le stade, les vestiaires, les tribunes sont flambant neufs. Les jeunes qui traînaient hier dans la rue jouent maintenant au foot dans leur stade.

*Dimanche 3 novembre*

Week-end en Alsace. La cathédrale de Strasbourg m'émerveille à chaque fois. Quelle folie ! Nous assistons à la plus grande partie de la messe chantée de la Toussaint. Vu du fond de l'immense nef, le chœur, roman, plus sombre et plus doré à la fois, m'émeut comme au temps de mon enfance me troublait la liturgie de la Madeleine. Bouffée de souvenir quand je vois l'enfant de chœur se diriger vers la foule pour l'encenser. Moi aussi, j'étais « thuriféraire » et je m'enorgueillissais de ce titre… Je me délecte de la procession du clergé, chanoines à camail rouge, évêque mitre en tête, crosse en main fermant la marche. Notre Sainte Mère l'Église a encore de la gueule quand elle veut.

Le mont Saint-Odile. Histoire de la sainte la plus vénérée d'Alsace. Longue marche dans la forêt, couleurs flamboyantes de l'automne, le long du « mur païen » qui entoure le sommet de la colline sur plusieurs kilomètres. Le brouillard s'est levé. Panorama superbe sur la plaine d'Alsace, de la terrasse du sanctuaire dont la fondation remonte aux environs de l'an 700. La foule, partout. Peu propice au recueillement. Un peu plus loin, toujours dans la montagne, « le champ du feu », vaste étendue que l'on imagine sans peine couverte de neige et sillonnée par les skieurs de fond. Le guide ne dit pas pourquoi « le feu ».

Château du Haut-Koenigsbourg. Deux moments forts : l'escalier de *La Grande Illusion* (le film a été tourné là) et, sur la cheminée de la grande salle, une inscription attribuée au Kaiser : « Je n'ai pas voulu cela. » Je me souviens d'avoir visité, en 1984, lors de l'installation du Parlement européen où je venais d'être élu, le mémorial du Vieil-Armand sur les lieux des combats acharnés qui firent des dizaines de milliers de morts dans les Vosges martyres. Serbes et Croates en sont déjà, dit-on, à quelques milliers. L'expérience d'autrui est vaine. Il faut faire soi-même le mal pour se convaincre qu'il est le mal.

Et dans la plaine, à quelques kilomètres à peine, le même peuple invente Riquewihr, la joie du vin dont le moût fraîchement pressé embaume l'air d'un parfum presque écœurant. Les maisons multicolores, bleu azur, rouge sang, qu'on croirait sorties d'un dessin animé, et les fleurs à profusion, masses de géraniums comme jaillissant des fenêtres. Tout ici est fait pour la panse et la danse, dirait Rabelais.

Colmar. Musée d'Unterlinden. Grünewald et le retable d'Issenheim. Choc. J'y passerais des heures, malgré la foule. Ce qui m'étonne le plus, au premier abord et au sens fort du mot, c'est la violence de cette peinture. La tentation de saint Antoine, bien sûr, qui évoque Jérôme Bosch. Mais plus encore peut-être l'Annonciation, avec cet Ange à la face rouge et au geste inquisitorial, cette Vierge qui détourne le visage et le regard comme pour fuir un supplice. Dans la Crucifixion, je n'ai jamais vu Marie ainsi renversée en arrière, le dos cassé par l'horreur, avec son voile immaculé qui tranche sur la noirceur du ciel. Les pieds et les mains de Jésus, tordus, pas vraiment réalistes mais monstrueux, détruits par le supplice. Moi qui mets souvent un brin de coquetterie à prétendre que la peinture me touche peu, en tout cas moins que la musique, je suis ici fasciné par le chef-d'œuvre. D'ordinaire, tout musée m'est torture. Me faire visiter un musée, c'est un peu comme si l'on prétendait me faire ingurgiter en deux ou trois heures un pot-pourri d'Adam de la Halle/Lulli/Haydn/Bach/Mozart/Schubert/Wagner... Ce que j'ai aimé à Unterlinden, c'est de ne voir que le retable, une seule œuvre. J'ai même négligé les Cranach. Comme à l'Accademia à Venise lorsque je vais rendre ma visite annuelle au seul Giorgione.

Retour par les Vosges et Gérardmer. Nouvelle bouffée d'enfance : j'étais fier de connaître la bonne prononciation quand Godefroid dit « Peptone », notre prof d'histoire-géo en sixième à Victor-Duruy, nous interrogeait : « Gérarmé ». Je ressentais délicieusement le bonheur d'apprendre et plus encore de savoir.

*Lundi 4 novembre*

Toutes les radios titrent sur le meurtre d'Ingrid et de Muriel. Horreur, horreur absolue. J'entendais hier soir l'archevêque de Rouen, Mgr Duval, évoquer déjà le pardon. C'est sa mission. Et cela me remet en mémoire le sentiment d'effroi que j'éprouve parfois en récitant le « Notre père » : « Pardonnez-nous nos offenses comme nous pardonnons aussi... » Mots terribles, quand on y pense, qui résonnent comme une autocondamnation. Mais pour l'heure, le cœur n'est pas au pardon. Mgr Duval en convient lui-même : « Il faudra beaucoup de temps. » La grande question que nous pose, à nous politiques, le village en colère est celle-ci : comment peut-on refuser de rétablir la peine de mort pour de telles abominations ? J'avoue que je suis profondément troublé par cette question. Après de longues réflexions et hésitations dans mon adolescence, je suis devenu à l'âge d'homme un fervent adversaire de la peine de mort. Mais j'avoue qu'aujourd'hui tout bascule. Je ne sais plus.

*Vendredi 8 novembre*

Soirée dans l'Essonne. Au cours du dîner-débat, on m'interroge sur la peine de mort. J'explique qu'il s'agit avant tout d'une question de conscience, de philosophie personnelle et même, pour beaucoup d'entre nous, de foi. Je dis mon opposition personnelle au rétablissement de la peine capitale. La salle ne réagit pas. J'ajoute que si l'on veut saisir directement les Français de la question par voie de référendum, il faudra leur permettre d'exercer un vrai choix, ne pas les enfermer dans le tout ou rien mais leur proposer soit le rétablissement de la peine de mort, soit l'institution d'une véritable peine incompressible que les cours d'assises puissent appliquer dans des conditions moins complexes que celles qui résultent de la loi de 1986. Je conclus que, dans cette hypothèse, les Français feront, à mon avis, le choix de la raison et non celui de la passion. A ma grande surprise, la salle applaudit.

*Samedi 9 novembre*

Pèlerinage à Colombey-les-Deux-Églises. Vingt et un ans déjà. Petit frisson d'angoisse. Le carré des fidèles se réduit. A peine une trentaine de députés dans le train Paris-Bar-sur-Aube cette année. Il est vrai que Chirac est absent et que l'occasion de se faire voir du chef est d'habitude un puissant antidote à la paresse. Les vieux militants du coin nous accueillent, trognes rougies par le vent frais, mais ô combien sincères, vraies, désintéressées, elles ! La petite église est immuable, avec ses statues saint-sulpiciennes. Il s'en ferme sans doute des dizaines comme celle-là chaque année dans les villages de France. La messe est ponctuée par les chants alternés des deux chorales : celle des parlementaires que dirige Jean Foyer, plus bourré de tics que jamais, et celle de la paroisse qui en est à son troisième office de la journée. Tout cela est à mille années-lumière non seulement de Paris, mais aussi de la vie urbaine qui est maintenant le lot de la grande majorité des Français. Temps arrêté, silence et espace, pauvreté, mais sans ostentation.

Je fais le chemin du retour en voiture. A 19 heures, je demande à Daniel, mon chauffeur, de brancher la radio pour les infos. J'apprends ainsi la mort d'Yves Montand. Je ressens une vraie tristesse. Des images d'enfance me reviennent : j'étais en vacances à Biarritz et j'avais fait la scie à mes parents pour aller entendre le récital que Montand donnait au Casino municipal. Je revois très clairement la longue silhouette noire qui peuplait à elle seule l'immense scène. Plus tard, je retrouvais souvent sur l'un de mes disques favoris les chansons que j'aimais : « Le temps des cerises », bien sûr, mais aussi « Les grands boulevards », « Sanguine, joli fruit », « Planter café », « Battling Joe ». Longue évocation au journal de 20 heures. C'est Anne Sinclair qui dit le mieux ce que je voulais dire : « Montand, c'est d'abord le chanteur. » La voix qui chante, qui parle, chaude, rieuse, humaine, tellement humaine si l'on songe aux voix synthétiques des jeunes gens à la mode. Quant à l'homme public, c'est vrai que son plus grand mérite est d'avoir mis tant de passion à expliquer combien il s'était trompé. J'ai souvent dit (avant la chute du mur de Berlin) que Montand avait fait beaucoup plus que Mitterrand pour réduire en France l'influence du PC.

Miracle de la télé : j'écris ces lignes en entendant la voix de Montand venir du poste allumé dans la pièce voisine. Vivant.

*Lundi 18 novembre*

Samedi matin, conformément à nos instructions, les bûcherons de la Ville sont intervenus place du Tertre, à Montmartre. Déchaînement immédiat des médias. France Info, FR3, Antenne 2 : « On coupe les arbres... » J'essaye, avec Jean Tibéri, de rétablir la vérité tout entière : oui, on coupe des arbres, mais ces arbres sont malades ou morts et nous allons les remplacer par des arbres jeunes et vigoureux. Difficile de faire passer ce message. Samedi soir, en prenant ma voiture pour aller au gala de la République de Montmartre, je suis abordé par un jeune couple, sincèrement perturbé par ce qu'il a entendu : « Alors, vous allez bétonner la place du Tertre ? » Je leur explique ce que l'on va faire, et ils repartent rassurés. Comment se battre contre l'ignorance et le manque de rigueur professionnelle ou, pis, la déformation malveillante et orchestrée ?

Participé dimanche, à la « grande marche des professionnels de santé ». Immense succès. Éternelle querelle des chiffres : 60 000 manifestants selon la police, 600 000 selon les organisateurs... Nous étions, j'en suis sûr, beaucoup plus de 60 000.

La presse, ce matin, retient les déclarations que j'ai faites hier soir au « Grand Jury RTL-*Le Monde* » sur le quinquennat : j'ai souhaité que M. Mitterrand se l'applique à lui-même. Je suis, semble-t-il, sur la même longueur d'onde que les Français, qui, dans un sondage publié ce matin, sont favorables à 80 % au quinquennat et à plus de 70 % à son application immédiate. Qui a piégé qui ? A suivre...

Excellente nouvelle : une enquête médicale américaine conclut que la consommation de foie gras français est bonne pour la santé ; il y aurait deux fois moins d'infarctus dans le Gers qu'ailleurs... Vive la Gascogne !

Et pendant ce temps, Gérard d'Aboville se rapproche des côtes américaines. Cet exploit me paraît fou, inhumain, inconcevable... J'entends le son de sa voix à la radio : incroyablement claire, ferme, sûre.

*Mardi 19 novembre*

Audition à l'Assemblée, devant les commissions de la Défense et des Affaires étrangères, de Hans Dietrich Genscher, ministre allemand des Affaires étrangères. J'ai connu l'homme en 1989, à Bonn, lors de ma tournée des capitales de la Communauté pour préparer les élections européennes. Il m'avait accordé près de deux heures d'entretien. Je le retrouve, massif, rond, affable, plein de subtilité, très vif dans la discussion.

Son exposé ne nous apprend pas grand-chose mais le jeu des questions-réponses est intéressant.

J'y trouve la confirmation de notre thèse selon laquelle la Communauté doit rapidement s'ouvrir aux nouvelles démocraties d'Europe centrale et orientale. Genscher a deux formules chocs : « Si la Communauté s'appelle Communauté européenne et non pas Communauté européenne occidentale, ce n'est pas par hasard. Dès le début, ses pères fondateurs avaient dans la tête de réunir l'ensemble du continent. Il faut approfondir la construction communautaire, mais de telle sorte que cela ne rende pas son élargissement plus difficile. » Démonstration, si besoin était, que Mitterrand, en commençant par renvoyer l'élargissement à vingt ou trente ans, a commis une grossière erreur d'analyse. Heureusement rectifiée depuis. L'un de nos collègues y va franco et demande à Genscher s'il faut redouter l'émergence d'une véritable « Europe allemande ». La réponse est tout aussi franche : Genscher fait remarquer qu'actuellement l'Allemagne apporte à elle seule 40 % de toute l'aide économique et financière occidentale aux pays d'Europe centrale et orientale, URSS non comprise. Ce qui est une manière de nous dire : il est normal que notre influence politique soit proportionnelle à notre effort financier. Il ajoute : « La France doit faire plus. Et le Japon aussi. » Il n'a pas tort.

Je retiens aussi sa détermination à obtenir l'augmentation du nombre de députés de l'Allemagne au Parlement européen. Son raisonnement est simple : la Communauté s'est ouverte à 18 millions de nouveaux Européens ; il serait impensable qu'ils ne soient pas représentés au Parlement européen. Il est également impensable de diminuer à due concurrence la représentation de l'ancienne Allemagne de l'Ouest. Mais, ajoute-t-il, nous n'avons aucune objection à ce que la représentation française soit augmentée. Cette affaire est beaucoup plus importante qu'il n'y paraît : le traité de Rome était fondé sur l'idée de parité politique entre les grands pays européens, notamment à l'origine, la France, l'Allemagne et l'Italie. Si nous acceptons l'augmentation de la représentation parlementaire de la seule Allemagne, nous changeons complètement l'esprit du traité. Une fois admise la proportionnelle démographique, pourrons-nous résister à la pondération des votes au Parlement en fonction de la puissance économique ou financière de chaque pays ? J'imagine que les petites nations de la Communauté sont également hostiles à une évolution qui réduirait encore leur influence.

J'interroge Genscher sur les retombées concrètes que peut avoir l'initiative Kohl-Mitterrand en faveur d'une défense européenne. Je le trouve relativement optimiste : selon lui, l'accueil fait par les Américains à la proposition de création d'un corps d'armée franco-allemand n'a pas été négatif. « Seuls certains Européens, explique-t-il, se sont montrés plus américains que les Américains. » Une pierre dans le jardin britannique.

L'audition est suivie d'un déjeuner en petit comité chez Fabius. La conversation se poursuit de manière très détendue et très directe. A l'apéritif, Mauroy m'entreprend sur la réforme de la loi électorale qui visiblement le passionne davantage que l'unification allemande. Il m'explique de manière un peu confuse son système « mixte » qui est en fait un retour pur et simple à la proportionnelle. Je l'interroge sur son calendrier et sa réponse me laisse perplexe : je pensais que le conseil des ministres en serait saisi dès la semaine prochaine. Mauroy se montre beaucoup plus évasif. Il est vrai qu'il ne dispose d'aucune majorité ni au PS ni à l'Assemblée.

16 heures au RPR, commission d'investiture pour les élections régionales. Nous y examinons département par département la composition des listes : choix de notre chef de file, dosage avec l'UDF, ordre de préférence des candidats que nous proposent nos instances locales. Il m'arrive de prendre goût à ces séances de happening où Pandraud, secrétaire général adjoint chargé des élections, et moi nous répartissons les rôles. Il faut doser séduction et brutalité. Bel exemple avec les Bretons, têtus comme chacun sait. Je prends une colère froide face à notre tête de liste des Côtes-d'Armor qui ne veut pas modifier d'une virgule les propositions qu'il nous a faites.

Tout cela révèle en tout cas le caractère pernicieux de la proportionnelle : ce système donne aux appareils de parti un rôle déterminant puisque c'est finalement à Paris qu'on arrête la liste et l'ordre des candidats. D'où l'extraordinaire affabilité dont m'entourent actuellement tous ceux qui rêvent de siéger dans un conseil régional. Si chacun devait faire ses preuves sur le terrain, face aux électeurs, les ardeurs seraient moins vives. Le scrutin majoritaire, c'est l'obligation pour chaque député d'être présent dans sa circonscription, d'être disponible pour ses électeurs, bref d'être enraciné. On peut certes invoquer des raisons philosophiques pour justifier la proportionnelle. Mais on se trompe, selon moi, quand on veut faire de la loi électorale une sorte d'appareil photographique chargé de rendre, dans la composition de l'Assemblée nationale, toutes les nuances de l'opinion publique. Son principal objectif, en tout cas pour ceux qui n'ont pas oublié les leçons de la IVe République, est de dégager une majorité de gouvernement. M. Mitterrand a naturellement l'intention inverse : son souci est sans aucun doute de s'éviter une cohabitation insupportable avec plus de trois cents députés UPF. Certains d'entre nous, et j'avoue avoir eu cette faiblesse, ont laissé entendre qu'ils n'étaient pas hostiles à l'introduction d'une certaine dose de proportionnelle. Peut-on en effet tenir indéfiniment à l'écart de la représentation nationale les petites formations politiques ? La loi électorale municipale a trouvé un bon compromis. On pourrait imaginer de la transposer au niveau national pour le scrutin législatif. Différents projets ont été élaborés en ce sens, notamment par le conseiller politique de Michel Rocard, Guy Carcassonne, qui, du temps où son patron était toujours Premier ministre, était venu m'en parler. Je n'avais pas opposé une fin de non-recevoir à ses travaux d'approche. Mais j'avais posé une condition formelle : la loi devait rester d'esprit majoritaire. Pas question d'accepter une alouette majoritaire et un cheval proportionnel, comme l'imagine aujourd'hui Mauroy. Rocard partageait ma préoccupation et s'orientait vers la création d'une liste nationale de soixante à quatre-vingts députés élus à la proportionnelle. Mais son point de vue n'était pas celui de tous les leaders du parti socialiste. Pierre Joxe est toujours un chaud partisan de la proportionnelle intégrale, qui est à ses yeux le seul mode de scrutin vraiment démocratique. Je suis en désaccord total avec cette thèse. Pour moi, la démocratie a pour principal mérite de donner au citoyen le droit de choisir lui-même ceux qui vont le gouverner. Au scrutin majoritaire, les alliances doivent se faire avant le premier ou le deuxième tour de l'élection et l'électeur vote en connaissance de cause. A la proportionnelle, les majorités se constituent au lendemain du scrutin, au nez et à la barbe de citoyens qui ont souvent le sentiment d'avoir été dupés. On frise l'immoralité pure et simple. Joxe prétend que l'Europe démocratique vote à la proportionnelle. C'est évidemment inexact. Il sait bien que la Grande-Bretagne demeure résolument réfractaire à ce système. L'Allemagne a un scrutin mixte. Quant à l'Italie, elle cherche à se débarrasser d'une loi électorale proportionnelle qui n'a pas peu contribué à sa faillite politique.

Tout bien considéré, je demeure ouvert au dialogue à deux conditions : que le système majoritaire reste, comme je l'ai dit à Carcassonne, majoritairement majoritaire et que le nombre total de députés ne soit pas augmenté. Si l'on s'orientait vers la création d'une liste nationale à la Rocard, il faudrait diminuer d'autant le nombre de députés élus au scrutin majoritaire et par voie de conséquence redécouper les actuelles circonscriptions. Une telle réforme est évidemment inconcevable à quelques mois des prochaines élections législatives, d'où le pacte que nous avions conclu entre nous pour garder le statu quo.

20 heures 30, dans le grand amphithéâtre de l'Essec à Cergy-Pontoise devant plus de trois cents étudiants qui invitent périodiquement un responsable politique à dialoguer avec eux. En traversant le grand hall et les couloirs de l'école, je me souviens du temps où je

venais ici faire un cours de préparation à l'ENA trois heures par semaine. Je n'arrive pas à retrouver la date, cela se perd déjà dans la nuit des temps. 1974 ? 1975 ? J'étais en tout cas à l'inspection des Finances. Plus de quinze ans déjà !

Bien que je sois crevé, victime d'un gros rhume qui m'embrume le cerveau, je m'en tire à peu près. Une chose me frappe : beaucoup de questions portent sur l'actualité politique (rapports avec le Front national, union de l'opposition, loi électorale). C'est vraiment une idée toute faite de répéter que les Français en général et les jeunes en particulier ne s'y intéressent pas. Nous terminons la soirée à la cafétéria autour d'une bière. Ils sont curieux, pas agressifs, plutôt chaleureux et sympas. Je prends brutalement conscience qu'il est minuit. Le petit matin sera blême.

*Mercredi 20 novembre*

La commission exécutive du Mouvement, que je préside comme tous les mercredis à 10 heures, discute des récentes propositions du Front national sur l'immigration. Je m'attendais à quelques hésitations de la part de certains de nos amis, toujours soucieux de ne pas choquer l'électorat du Front national. A ma grande satisfaction, la réaction est unanime : il faut tirer vite et fort sur ce texte scandaleux. Je reprends la formule que j'avais utilisée la veille au soir à Cergy-Pontoise : l'odieux le dispute au loufoque. Dans la colonne « loufoque » : exiger le versement d'un cautionnement par les touristes qui arrivent à nos frontières ; créer un label « fabriqué en France par les Français »... Dans la colonne « odieux » : « remettre en cause les naturalisations décidées depuis 1974 », etc. Cette dernière mesure provoque, à juste titre, une indignation générale : ce serait vraiment le reniement de la parole de la France. Les outrances du Front national vont-elles enfin ramener à la raison tous ces braves gens qui croient nous aider en votant Le Pen ? Vont-ils enfin comprendre qu'entre le laisser-faire socialiste et l'apartheid lepéniste, il n'y a pas d'autre politique raisonnable que celle de l'Union pour la France ? A quelque chose malheur peut être bon : les divagations de M. Mégret, qui est devenu le dernier théoricien des races pures, auront peut-être le mérite de provoquer un début de reclassement dans l'électorat.

*West Side Story* au Châtelet. J'ai vu le film au moins cinq fois. Je me délecte à retrouver des airs tant de fois fredonnés : « I like to be in America », « I feel pretty », « Tonight »... Le public est très mélangé. Beaucoup de jeunes qui font un triomphe aux danseurs-chanteurs. Le début du spectacle a été retardé de quinze minutes par une manifestation des musiciens français qui reprochent à la direction du Châtelet d'inviter trop souvent des orchestres étrangers. Je ne sais trop quoi en penser. J'ai plutôt tendance à considérer que s'il est un domaine où les questions de nationalité n'ont vraiment rien à voir, c'est celui de l'art. Mais je reconnais volontiers que nos musiciens ont raison de réclamer une meilleure réciprocité. Qui peut reprocher au Châtelet d'organiser par exemple une série de concerts avec un excellent orchestre londonien ? Mais pourquoi ne pas négocier en contrepartie une tournée de nos orchestres parisiens à Londres ?

*Jeudi 21 novembre*

23 heures. TF 1 diffuse son émission « Le Droit de savoir » consacrée ce soir à « la politique et l'argent ». Gérard Carreyrou et Charles Villeneuve, deux des animateurs, m'avaient demandé d'y participer. J'ai un peu hésité, mais j'ai refusé quand j'ai vu la liste des invités et le fil conducteur de l'émission qui devait commencer par un reportage sur les revenus et le patrimoine d'une dizaine de présidentiables. Je ne regrette pas mon refus. Je trouve ce type d'investigation proprement scandaleux. Que l'on me comprenne bien : il est normal de contrôler la situation financière et l'éventuel enrichissement des hommes politiques. Il est normal d'exiger de ces derniers qu'ils déclarent de manière détaillée l'état de leur patrimoine en début et en fin de mandat. Il est normal qu'une instance indépendante, par exemple la Cour des comptes, contrôle très minutieusement ces déclarations et provoque, le cas échéant, les poursuites qui s'imposent. Il y a d'ailleurs un début de législation en ce sens et je suis tout à fait d'accord pour qu'on la renforce. Mais, livrer en pâture à la curiosité publique et à la jalousie populaire, la vie privée des parlementaires, c'est du voyeurisme. On y vient pour le fric. Dans les reportages qui commençaient l'émission de TF 1, j'ai entendu des questions du style : « Mais quel est votre train de vie ? » Il faudra bientôt autoriser les caméras de télévision à venir filmer les meubles du salon ou les bibelots de la chambre à coucher. Si j'avais été en plateau, je n'aurais pas résisté à demander au meneur de jeu : « Mais quel est votre salaire à vous, la cylindrée de

votre voiture ou le nombre de vos employés de maison ? » On m'objectera qu'il y a une différence : les hommes politiques sollicitent les suffrages de leurs concitoyens qui leur font confiance et leur délèguent une part de la souveraineté populaire. Cela est vrai et c'est pourquoi je suis favorable à un contrôle particulier qui garantisse la transparence. Mais de là à assurer une publicité aux informations qu'on nous demande légitimement de fournir, il y a un grand pas. La question est d'ailleurs simple : A quoi sert cette publicité ? Quelles garanties supplémentaires apporte-t-elle ? Je persiste à penser qu'elle est inutile et dangereuse et que c'est tout bonnement pour certains médias une manière de traquer l'audience. Vous verrez qu'on y viendra aussi pour le sexe. C'est d'ailleurs en bonne voie. On voit poindre quelques articles ou émissions sur la vie privée des hommes politiques. Je parie que ce type d'informations croustillantes va avoir un succès fou... En tout cas, et quel que soit le statut d'un homme politique au regard de l'opinion, je ne suis pas disposé à me laisser donner des leçons de morale par des gens qui gagnent deux fois plus que moi et dont l'influence dans une société fortement médiatisée est telle qu'elle les expose, eux aussi, à bien des tentations. Il n'est pas admissible de laisser se créer en France deux catégories de citoyens : l'immense majorité qui aurait droit au respect de sa vie privée et à la présomption d'innocence et une petite minorité qui, sous prétexte qu'elle est composée d'élus du suffrage universel, serait a priori réputée coupable de toutes les turpitudes et soumise en permanence aux curiosités les plus malsaines.

*Mercredi 27 novembre*

Débat à l'Assemblée nationale sur la préparation du sommet de Maastricht. Le discours de Roland Dumas est bon. Il annonce clairement la couleur : « Nous voulons bâtir une Europe fédérale. » J'interviens, au nom du groupe RPR, après l'orateur socialiste et je rappelle notre attachement à l'Union des États de l'Europe. C'était le slogan que Giscard et moi utilisions pendant notre campagne des élections européennes en 1989. Chaban, qui est en séance, opine. Le centriste Bernard Bosson, qui me succède à la tribune, reproche au gouvernement son manque d'audace... Les clivages traversent bien les formations politiques. Je me sens en fait très proche d'Alain Madelin, qui prend la parole pour l'UDF, même si sa référence au « fédéralisme décentralisé » sent le soufre pour beaucoup de mes amis gaullistes. Mais le label couvre une marchandise qui me convient : Madelin est plus sévère encore que nous ne le sommes envers la bureaucratie bruxelloise.

20 heures 30, j'enchaîne avec « La Marche du siècle ». Je suis l'invité de Jean-Marie Cavada qui nous fait plancher ce soir sur le chômage. Autres invités : trois jeunes chômeurs paralysés par la caméra, mais que Cavada réussit à décontracter ; Michel-Édouard Leclerc, porte-parole des employeurs ; Jean Kaspar, pour la CFDT ; et deux experts de l'économie et de l'insertion professionnelle. Aucun membre du gouvernement : Martine Aubry, ministre du Travail, a finalement renoncé à venir. J'expose ma thèse : « Il y a le feu à la maison. Pour l'éteindre, il faut un double électrochoc : la baisse des charges et la création d'une

véritable filière de formation en alternance. » Tout le monde est d'accord sur le second point. Michel-Édouard Leclerc me soutient sur le premier. Kaspar exprime son désaccord et même sa tristesse de me voir utiliser un tel argument. En fait, nous ne parlons pas de la même chose : il évoque le coût salarial global et il a raison d'affirmer que ce coût est inférieur en France à ce qu'il est en Allemagne. Je parle, moi, de l'ensemble des charges qui pèsent sur les entreprises, qu'elles soient liées, ou non, au salaire, et j'ai raison de dire qu'elles représentent en France 17 % du PIB contre 10 % en Allemagne.

Retour chez moi vers 22 heures 30 : François de Closets anime sur TF1 son émission « Médiations » consacrée ce soir à l'abstention. Je suis indigné ! Au banc des accusés, François Bayrou (UDF), Nicolas Sarkozy (RPR), Jean-Michel Belorgey (PS) et Georges Frèche (maire socialiste de Montpellier) en prennent plein la gueule pendant deux heures d'horloge. En face d'eux, une horde déchaînée : un chômeur qui porte un masque de carton-pâte pour préserver son anonymat, un instituteur sinistre, un agitateur local bien décidé à faire la peau de son maire, et pour couronner le tout, l'écrivain Gilles Perrault, anarchiste patenté. La mise en accusation est scandaleuse : les hommes politiques sont tous des pourris qui volent l'argent du contribuable, qui mentent à longueur de discours pour séduire des électeurs qu'ils s'empressent ensuite de trahir... J'en passe et des meilleures. Je tire mon chapeau à Frèche et Sarkozy qui ne mâchent pas leurs mots et affirment avec vigueur qu'ils n'ont pas de leçons à recevoir. Je suis sûr que je n'aurais pas pu garder mon sang-froid et que j'aurais dit « merde » à ces excités. Le contraste entre « La Marche du siècle », sobre et intelligente, et cette foire d'empoigne est saisissant. J'en tire une leçon : il faut choisir ses émissions et refuser opiniâtrement de participer à des happenings dégradants qui peuvent, si l'on continue, ébranler la démocratie.

*Samedi 30 novembre*

États généraux de l'opposition, à Vitré, chez Pierre Méhaignerie. Thème de la convention : la politique sociale.

Je commence mon intervention par un constat : le mythe qui voulait que « socialisme » fût synonyme de « social » s'est effondré ; depuis 1981, le chômage n'a cessé d'augmenter, les inégalités se sont accrues, la pauvreté s'est étendue, la sécurité sociale s'est fragilisée. Mais l'opposition n'a pas encore un vrai message social. Elle doit dégager une philosophie originale que je résume en une formule : la responsabilité personnelle + l'égalité des chances. Responsabilité s'oppose à assistance et signifie reconnaissance du mérite et de l'effort individuel. Mais le mérite n'est une valeur admise par tous que si chacun a les mêmes chances de réussite.

Une philosophie mais aussi une approche concrète : les quatre piliers d'une politique sociale ambitieuse devraient être la création d'emplois, le maintien de la protection sociale, l'aide à ceux qui ne peuvent s'en sortir seuls (handicapés, marginaux, personnes âgées dépendantes...) et l'épanouissement dans le travail. J'insiste à la tribune sur ce dernier point qui me donne l'occasion de rappeler ce que les gaullistes entendent par « participation » : non seulement l'intéressement aux résultats de l'entreprise, mais aussi l'association aux responsabilités et la copropriété grâce à l'extension de l'actionnariat. Je conclus : il faut sortir de l'immobilisme pour retrouver le chemin d'une société de promotion, où chacun puisse s'élever.

*Mercredi 4 décembre*

Consulté une note de Pierre Lellouche, le conseiller diplomatique de Chirac, sur le programme de défense antimissiles aux États-Unis. Il en ressort que l'exigence d'un système global de protection contre les missiles balistiques devient d'autant plus urgente que le nombre de ces vecteurs s'accroît dans le monde et que leur qualité s'améliore. Cette constatation a conduit l'administration Bush à revoir les objectifs initiaux de l'Initiative de défense stratégique (IDS), le fameux programme de « guerre des étoiles » originellement lancé en 1983 par Reagan afin de se prémunir contre une attaque massive de missiles stratégiques soviétiques. Aujourd'hui, dixit la note, il s'agit de réorienter le programme vers une protection « contre des frappes d'envergure restreinte de missiles, d'où qu'ils viennent ». D'où le nouveau nom de l'IDS : « Protection globale contre des frappes restreintes ». Les experts prévoient que, d'ici la fin du siècle, vingt-quatre pays en développement disposeront de missiles balistiques, parmi lesquels neuf posséderont ou seront en voie de posséder une force de frappe nucléaire. En outre, trente pays disposeront d'armes chimiques et dix d'armes biologiques. L'Europe et la France sont, évidemment, tout aussi concernées par cette évolution.

Ce soir, le bureau politique du RPR était assez terne. Seul moment intéressant : le compte rendu que Chirac a fait de son tout récent entretien avec Sobtchak, le maire de Saint-Pétersbourg de passage à Paris. Tout en reconnaissant le droit à l'autodétermination des peuples, y compris de l'Ukraine et de toutes les républiques de l'ex-URSS, Sobtchak conseille aux Occidentaux de subordonner cette reconnaissance à des engagements précis des nouveaux États sur quelques points essentiels : le contrôle des têtes nucléaires (6000 en Ukraine et autant au Kazahkstan) ; la dévolution du pouvoir militaire ; la protection des minorités ; le respect des engagements internationaux de l'ex-URSS, notamment sur les droits de l'homme et sur la dette internationale. Toutes ces précautions me paraissent empreintes de bon sens.

*Samedi 7 décembre*

La matinée commence mal : square Ginette-Neveu, j'arrive en retard à l'inauguration, ratée, des jeux que la société Plastic Omnium a installés pour les enfants de ce quartier du 18e arrondissement. Les instituteurs m'engueulent parce que les élèves ont froid et que le spectacle est médiocre. Pourtant, les enfants applaudissent à tout rompre ! Je me fais emboutir ensuite par un jeune chauffard qui fait quasiment demi-tour devant moi. Énervement. On me reconnaît. Garder mon calme. Je loupe le conseil d'administration du lycée Ferdinand-Flocon.

Ce n'est qu'à 11 heures 15 que je pénètre dans la chapelle des bénédictines du Sacré-Cœur de Montmartre. La messe est commencée depuis 11 heures. Tout d'un coup, la rupture. Le silence se fait, autour de moi et en moi. Un silence d'une qualité particulière, vivant, dense. Les voix des religieuses le troublent par moments, belles, jeunes, légères. C'est comme si j'étais soudainement projeté seul devant moi-même. Je visite ensuite le monastère : de nombreuses cellules sont à la disposition des hôtes de passage, groupes de jeunes ou de moins jeunes, familles, personnes seules. Le besoin de me retrouver quelques heures dans cette solitude m'envahit brutalement. J'interroge la sœur hôtelière qui m'invite sans hésiter à venir faire retraite quand je voudrais. Elle promet de me réserver la meilleure cellule, celle avec vue sur le Sacré-Cœur, sur Saint-Denis et sur Paris... Je déjeune avec la mère supérieure. La chère est bonne. « Pour bien prier, un peu de confort ne nuit pas », me dit la mère qui allie l'intelligence et le sens de l'humour. Après le déjeuner, je passe une petite heure avec les religieuses. Elles sont une quarantaine assises en rond autour de moi, celles qui ont prononcé leurs vœux, celles qui vont le faire prochainement, les novices aussi. Le grand jour viendra le 4 janvier à Notre-Dame pour quatre d'entre elles : un ancien mannequin de mode, un prof d'histoire-géo, une laborantine, un premier prix de violon du conservatoire de Paris. Ce qui me frappe et même me bouleverse chez ces femmes, c'est d'abord le sourire, la joie qui irradie vraiment de leurs visages. Et puis aussi leur curiosité. Elles m'interrogent sur ma vie d'élu, sur les raisons de mon engagement, sur mes réussites et mes échecs. Elles se tiennent très informées de l'actualité. Je resterais là des heures, à dialoguer dans l'innocence et le besoin de vérité. On les sent, on les croit habitées par une présence. A deux pas de la place du Tertre et des marchands du temple, c'est un autre monde dans le monde. Revenir. Absolument.

*Mardi 10 décembre*

Ce matin, réunion des « mammouths », rue de Lille, pour ajuster nos positions sur Maastricht. L'accord se fait assez facilement : nous, gaullistes, sommes attachés à la construction de l'Europe et plus précisément à l'Union des États de l'Europe. De ce point de vue, il y a de bonnes choses dans les accords de Maastricht : abandon de toute référence au fédéralisme ; renforcement de la coopération politique sur la base de l'unanimité ; volonté de construire, autour de l'Union de l'Europe occidentale, le pilier européen de l'Alliance Atlantique.

Cela dit, relativisons les choses : le sommet n'a rien d'historique car il passe à côté des deux grands défis que nos pays doivent relever : le partage de la prospérité de l'Ouest avec les nouvelles démocraties d'Europe centrale et orientale ; la définition d'une réponse commune à la désintégration de l'Union soviétique.

Il y a en outre beaucoup de flou, notamment dans l'union économique et monétaire : qui peut qualifier d'irréversible la décision de passage à la monnaie unique... en 1999 et sous des conditions très exigeantes ?

Enfin nous regrettons l'insuffisante démocratisation de la Communauté et nous réaffirmons notre désaccord avec l'extension aux ressortissants européens du droit de vote aux élections municipales et européennes. Sur ce dernier point, la Constitution française devra être modifiée avant toute ratification du nouveau traité.

Malgré l'obsession antifédéraliste de Nicole Catala, il n'y a pas de note discordante entre les parlementaires devant lesquels je tiens ce discours, pas plus qu'à la commission exécutive élargie, ou lors de mon déjeuner hebdomadaire de députés et au groupe de travail animé par Michèle Alliot-Marie. Je pense qu'à son retour des États-Unis, Jacques Chirac ira également dans ce sens. Le microcosme s'excite désormais sur les scénarios « après Maastricht ». Il est probable que Mitterrand va tenter un coup. Si l'on décortique ses plus récentes déclarations, on se dit qu'au lendemain de régionales qui seront sans doute très mauvaises pour le PS, il pourrait bien se débarrasser d'Édith Cresson et appeler Jacques Delors à Matignon. Le grand œuvre de ce dernier serait à la fois de faire ratifier Maastricht, de rallier les centristes et d'instaurer la proportionnelle modèle 1986. Il nous faut imaginer la parade.

Cet après-midi, commission électorale avortée avec l'UDF, dans le cadre de la préparation de prochaines élections régionales. J'exprime notre mauvaise humeur après ce que nous ressentons comme la trahison de nos partenaires dans le Rhône. Nous demandons des compensations. Charles Millon refuse. Nous commençons à examiner la composition des listes région par région. Alsace, Aquitaine... J'expose nos propositions. François Bayrou, mon alter ego de l'UDF, ne se contrôle pas longtemps et refuse d'entendre « tant d'âneries ». Nous ajournons. Je suis obligé de renvoyer le traiteur qui avait préparé un dîner pour tout le monde rue de Lille. Il va falloir changer de méthode. Je broie du noir. Cela vaut-il vraiment la peine de se bagarrer pour sauver ou conquérir deux ou trois sièges de conseillers régionaux, alors que tant de choses sont en jeu autour de nous dans le monde ? Mais si je ne le fais pas, aurai-je assumé mes responsabilités de secrétaire général ? Comme il est facile à Balladur, interrogé ce soir par Poivre d'Arvor sur les raisons de cette suspension des négociations, de répondre qu'il n'a aucune information en la matière ! J'en ai parfois assez de jouer les soutiers. Et en même temps, j'aime ça. Illusion de jouer un rôle ?

*Mercredi 11 décembre*

Déjeuner, hier, au siège du RPR avec Philippe de Villiers. Ce garçon qui a un vrai talent oratoire — je me souviens de l'avoir entendu à Mont-de-Marsan lors d'une réunion publique entre les deux tours des élections présidentielles de 1988 — a pris la grosse tête. Il distribue avec art les piques tous azimuts. Le premier est « psychologiquement instable », le second « dénué de toute conviction sur tout sujet », le troisième « usé jusqu'à la corde »... Tout le monde y passe, sauf Chirac, par miracle épargné. Sans doute s'autocensure-t-il en ma présence. Violente charge contre la cohabitation : « Cohabiter avec Mitterrand, après tout ce que nous avons dit de lui, serait immoral. » Les mots de moralité et de valeurs reviennent à tout bout de champ dans son discours. Visiblement, il se sent investi d'une mission quasi religieuse. L'une de ses premières affirmations, entre les rouleaux de printemps et la salade de crabe que François (l'excellent cuisinier chinois de la rue de Lille) nous a préparés, a été : « Je suis chrétien. » Toubon, le matin même, me racontait la grande réunion que Nicole Catala, député du 14ᵉ arrondissement, avait organisée la veille en l'honneur de Villiers. Beaucoup de monde. Une mise en scène à la Le Pen : salle obscure, faisceau lumineux accompagnant la vedette à son entrée dans la salle, sur un fond de musique solennelle. Discours sans une note pendant plus de deux heures, à la Billy Graham. Ni questions ni réponses. Bref, une prédication. Et ça marche. « Le XXIᵉ siècle sera religieux ou ne sera pas... » Pour qui roulera ce personnage au moment des prochaines élections présidentielles ? J'ai du mal à le démêler. Pour lui-même, déjà ? Une idée jaillit dans notre conversation, qui mérite d'être creusée : pourquoi ne pas lancer la procédure des « primaires à la française » dès septembre 1992, au moment où l'UPF se sera dotée d'un projet de gouvernement ? Les avantages de la formule sont limpides : nous aborderions les législatives avec notre présidentiable et la pression sur Mitterrand en serait accrue. Dominique Perben à qui j'en parle aujourd'hui à déjeuner trouve l'idée excellente et va même plus loin : ce sera le moment, dit-il, de proposer avec insistance la création de la grande formation unie de l'opposition. A voir.

Mardi soir, brillante soirée sous la pyramide du Louvre, organisée par la fondation Claude Pompidou et la fondation Grace de Monaco. Nous traversons les galeries consacrées aux antiquités grecques et romaines, quasi désertes. Cela me donne envie de revenir au Louvre que j'ai délaissé depuis des années. Avant le dîner, petit concert de musique de chambre : deux concertos pour violoncelle de Haydn et de Vivaldi. Rostropovitch éblouissant : une enveloppe un peu rustre, très paysanne-russe, une joie de vivre communicative et toute simple, et puis tout à coup, sous ces doigts subtils, la beauté profonde, tantôt légère, tantôt violente. Longue ovation.

*Vendredi 13 décembre*

J'écoute Julien Dray, le jeune député trublion de la nouvelle gauche socialiste, sur RTL. Il plaide pour un changement de constitution. Et d'abord pour l'instauration de la proportionnelle intégrale. Je suis d'accord avec lui quand il affirme que le risque d'offrir une cinquantaine de sièges au Front national n'est pas un bon argument contre la proportionnelle. La meilleure manière de lutter contre Le Pen, ce n'est pas de lui interdire l'entrée de l'Assemblée nationale. C'est la politique de l'autruche ! Il faut créer les conditions pour qu'un électorat qui ne nous fait plus confiance revienne vers nous. Il faut juguler le chômage, l'insécurité, les flux migratoires... En revanche, le bon argument contre la proportionnelle, selon moi, c'est l'instabilité gouvernementale, au moment où les Français ont précisément envie d'être gouvernés. D'autant qu'emporté par son ardeur réformatrice, Julien Dray réclame un vrai régime parlementaire ! Et d'ajouter que cela fonctionne très bien chez nos voisins européens. La comparaison me semble fallacieuse : la Grande-Bretagne a le régime électoral le plus éloigné qui soit de la proportionnelle ; en Italie, c'est le foutoir ; la constitution allemande prévoit que, pour renverser le chancelier, le Bundestag doit désigner son successeur. Quant aux nouvelles démocraties d'Europe de l'Est qui ont opté pour la proportionnelle, elles doivent s'en mordre les doigts, si l'on en juge par l'atomisation de leur paysage politique.

*Dimanche 15 décembre*

Je repense, je ne sais pourquoi, à la soirée de la fondation Claude Pompidou, et plus précisément à la rencontre que j'y ai faite d'Anne-Marie Dupuy, l'ancien maire de Cannes. Elle m'a fusillé du regard. Je savais qu'elle me tenait pour responsable, avec d'autres, de son échec aux dernières municipales. Mais je pensais que, le temps aidant, elle avait retrouvé sa lucidité. J'ai ressenti profondément l'injustice du reproche presque haineux que j'ai lu dans ses yeux. Dur, dur ! J'ai tout fait pour l'aider. Je suis allé la soutenir sur place à plusieurs reprises. C'était sans espoir. Elle avait accumulé trop d'erreurs. C'était une femme qui ne manquait pourtant pas de qualités : courage et droiture notamment, mais d'une maladresse pyramidale !

Petit déjeuner vendredi avec l'UDF Jean-Pierre Fourcade, qui — un de plus — lorgne sur la présidence du conseil régional d'Ile-de-France...

A midi je reçois le prince Ranaridh Sihanouk, qui ressemble comme deux gouttes d'eau à son père. Vif, intelligent, malin... Il possède admirablement notre langue, et me fait remarquer qu'il vient de « s'allier » et non de « se rallier » à Hun Sen : « En français, ajoute-t-il, une seule lettre change profondément le sens ! » Il insiste pour que la France s'investisse à fond dans la préparation des élections d'avril 1993 dans son pays, et contribue généreusement au budget de l'APRONUC (Autorité provisoire des Nations unies). Il me demande aussi l'aide du RPR, le mouvement politique dont il dit attendre le plus. Fidélité à la mémoire du général de Gaulle oblige. Ce qui ne l'empêche pas d'ajouter que l'après-midi même, il va assister au congrès du parti socialiste... Je l'interroge sur l'accueil fait aux Khmers rouges par la population cambodgienne. Il me répond que c'est Hun Sen qui a organisé le quasi-lynchage de la délégation khmer rouge mais que la population, dans sa sagesse, a désapprouvé, consciente que tout le règlement de paix peut être mis à mal si l'une des composantes du Conseil national suprême, présidé par le prince Sihanouk, est écartée. Qui croire ? La presse occidentale ? Ou les protagonistes eux-mêmes ?

Hier samedi, à 19 heures, arrivée sur les Champs-Élysées de la flamme olympique. A l'exception du moment où je vois surgir les athlètes qui portent la flamme, je trouve le spectacle assez décevant. Il est probable que la TV a dû donner des images beaucoup plus fortes que celles que nous voyions dans la foule. Une chose est sûre : la forme de la torche sur laquelle brûle la flamme est ridicule. Mais quand j'ai entendu qu'elle avait été allumée il y a quelques jours à Olympie grâce à un jeu de miroirs solaires, j'ai ressenti la même émotion qu'il y a trente ans, dès que j'entendais prononcer un mot grec.

*Vendredi 20 décembre*

J'étais ce soir invité de Claire Chazal, au « 20 heures » de TF1. Elle a bien réussi sa percée. Je me souviens du temps, pas si lointain (il y a moins d'un an), où elle me recevait à minuit sur Antenne 2, dont elle présentait le dernier journal. La voici devenue vedette !

Lourde semaine ! J'attends fébrilement les quelques jours de vacances que je vais m'octroyer à Hossegor, puis à Méribel. Dormir, dormir... Et traîner un peu...

Lundi et mardi : deux journées non-stop de débat budgétaire à l'Hôtel de Ville. Chirac et moi mettons le paquet pour dénoncer les hold-up successifs dont l'État s'est rendu coupable à l'encontre de Paris. Le discours du socialiste Georges Sarre, brutal et maladroit comme à l'habitude, en dit long sur la hargne qui habite les socialistes envers cette ville qui s'est donnée à leur adversaire numéro un. Vers minuit, lundi, quand s'achève le débat sur le bureau d'aide sociale, je ressens un petit pincement au cœur : je me rends compte que c'est peut-être la dernière fois que je fais voter un budget pour Paris. Le neuvième et dernier. Depuis dix ans, j'ai pris goût à cette atmosphère, à ce qui est devenu une routine, à la cordialité qui a fini par s'installer entre nous, même avec les orateurs de l'opposition, à la fierté que je devine sur les bancs de ma majorité quand, dans mes réponses, je marque un point contre les socialistes ou les communistes. Saurai-je, si je suis élu, recréer le même climat de confiance dans l'enceinte du conseil régional ?

Longues heures de négociation avec l'UDF pour les

régionales. L'ambiance est plus détendue que la dernière fois. Chacune des parties joue bravement son rôle : ferrailler pendant des heures pour gagner un siège ici, rééquilibrer une liste là. J'imagine que, vu de l'extérieur, tout cela paraîtrait bien dérisoire. Mais, comme de bons artisans, nous faisons les uns et les autres ce que l'on nous demande de faire : tout simplement notre métier.

Jeudi midi, je reçois, au siège du RPR, le fils de Menahem Begin, l'ancien Premier ministre d'Israël, lui-même député du Likoud. La rencontre est brève car nos emplois du temps sont très bousculés. Il veut faire passer deux messages : d'abord le désir de ses amis et de tous ses compatriotes de voir la France revenir en Israël et y développer son commerce, ses investissements, sa coopération scientifique, culturelle et linguistique. Il estime que nous sommes dramatiquement absents. Deuxième message : il plaide pour une « réévaluation de la politique de la France envers son pays ». Il me dit que notre diplomatie n'a pas pris la mesure des bouleversements qui se sont produits au Proche-Orient : « Plus rien n'est pareil qu'il y a deux ans, qu'il y a un an, qu'il y a six mois. » Et il énumère les plus grands changements : l'URSS a disparu de la zone, la Syrie a perdu son puissant allié, le Liban est devenu un protectorat syrien et il nous exhorte à « revisiter » nos conceptions. « Peu importe la conclusion que vous en tirerez, mais il faut au moins procéder à une révision globale. »

Jeudi après-midi, réunion chez Chirac avec deux politologues venus lui commenter une enquête qui paraît en fin de semaine dans *Le Figaro*.

Résumé de la situation : le parti socialiste s'effondre,

l'opposition parlementaire stagne à un niveau élevé, le Front national ne progresse que faiblement, les Verts s'installent. Les hommes : Jacques Chirac va de l'avant, Giscard régresse. Quand on entre dans le détail, les choses sont moins roses pour nous : les gens se sentent de moins en moins proches des partis traditionnels, le RPR notamment voit son image se dégrader. Nos experts en concluent que la France est ingouvernable et déconseillent vivement toute nouvelle cohabitation. Sans doute faut-il nuancer ce pronostic pessimiste. A quoi faut-il attacher le plus d'importance : le taux de proximité ou les intentions de vote ? Sur la base des intentions actuelles et avec le même mode de scrutin, nous remporterions une victoire électorale écrasante. Le choc médiatique qui en résulterait pourrait recréer des conditions de « gouvernabilité ». Ils présentent à JC une étude très fouillée sur son image. Résultat : « Les Français ne vous aiment pas. Ils vous trouvent sectaire, plus enclin à favoriser les riches qu'à aider les pauvres, prêt à tout dire pour arriver au pouvoir. De ce point de vue, ajoutent-ils, votre main tendue aux Verts a eu un effet désastreux. Cela est apparu comme une astuce démagogique et électoraliste. Mais au fond, tout cela n'a aucune importance. Parce que, même s'ils ne s'en rendent pas encore compte, c'est vous que les Français attendent. Il leur faut un homme d'ordre, modéré, et vous êtes cet homme. » Chirac encaisse les coups... et déguste avec gourmandise la fin de la démonstration.

Vendredi : traditionnel repas offert par le bureau d'aide sociale dans plusieurs restaurants de la butte Montmartre. Je serre la main d'un bon millier de personnes âgées. Leur accueil enthousiaste m'émeut toujours. Et, pour elles, ces rencontres, un bon repas, un petit spectacle, un peu de rire et du vin à volonté brisent le carcan de la solitude.

*Mardi 24 décembre*

Longue marche sur la plage d'Hossegor. Miracle des marées, mystère des courants : hier, le sable était couvert d'immondices, bouts de bois noircis de toutes tailles et de toutes formes, bidons de plastique... Les anciens Égyptiens nous ont laissé des statuettes dorées, des scribes de marbre, les poteries de leur vie quotidienne ; on en retrouve actuellement par milliers dans les tombes des ouvriers des Pyramides. Nous laisserons aux archéologues du XXII$^{e}$ siècle nos bassines en « gilac » et nos emballages en polyéthylène. Nous aurons les vestiges que nous méritons... Aujourd'hui, la plage est immaculée, désertique, immense. Le vent d'est prend les vagues à rebrousse-poil et les coiffe d'embruns que le soleil illumine. De grandes trouées de ciel bleu se projettent sur les dunes. Tout autour des nuages lourds et gris, des couronnes de lumière, comme sur nos vieilles images pieuses, quand s'y manifeste le Saint-Esprit. La chaîne des Pyrénées disparaît dans la brume et la poussière de vagues. J'aime ce lieu, surtout l'hiver. Je souffre de le voir sali par toutes les ordures que les courants nous ramènent de la côte cantabrique. De larges taches brunes marquent la peau de la mer. Et les vagues qui s'étalent sur le sable sont mousseuses, comme si Neptune venait d'y utiliser sa mousse à raser. Même en décembre, la municipalité envoie ses bulldozers pour remuer le sable et enlever le plus gros des déchets. La trace profonde de leurs pneus que je suis dans ma marche disparaît brutalement ; je m'interroge un quart de seconde sur ce mystère avant de comprendre qu'une vague plus longue que les autres vient de passer sur elle. Je marche jusqu'à l'abrutissement. Ma tête se vide. Je ne suis plus que muscles et articulations. Pour me soutenir, j'en suis réduit à compter le nombre de mes pas. Le sport est le divertissement total. Il me libère de tout autre préoccupation. Quand je cours ou je nage, je suis incapable d'une pensée logique. Quelques images, quelques flashes, et pour l'essentiel, le vide, c'est-à-dire la paix.

*Jeudi 26 décembre*

Retour à Paris après trois journées d'évasion au bord de l'Atlantique. « Envoyé spécial » sur Antenne 2. Je regarde le reportage de Serge Moati sur les enfants du Pakistan. Rien ne m'est plus insupportable que le malheur des enfants. Leur regard surtout. L'esclavage n'est pas mort : récit hallucinant de ce gamin qui dit comment il s'est échappé trois fois de l'usine à laquelle ses parents l'avaient vendu pour 3 000 francs et où il travaillait et dormait enchaîné, sur la même planche. Et ces petites filles qui ne savent pas répondre à la question du journaliste : « Mais que faites-vous quand vous ne travaillez pas ? Le vendredi est bien votre jour de congé ? » Un instant d'hésitation, et puis : « Rien », ou bien : « Je fais la vaisselle, je balaie... », c'est-à-dire : « Je travaille. » « Mais vous ne jouez jamais ? » Incompréhension. Jouer ? Mot de riche. J'admire l'enthousiasme de Moati qui vante l'action de l'UNICEF, présente partout, avec ses écoles, uniques lieux d'espérance.

L'actualité tourne aussi autour de la démission de Gorbatchev. Nous l'avons vu prononcer devant les caméras son message d'adieu (ou d'au revoir ?). A son crédit, une grande dignité, un grand sang-froid. Dans les commentaires, deux tendances, bien sûr : les gorbimaniaques irréductibles et ceux qui l'aiment moins que jamais. J'ai du mal à juger de manière tranchée et définitive. Là encore, il faudra le recul de l'Histoire. Pour l'instant, j'ai plutôt tendance à partager le point de vue de JC qui lui a toujours reproché d'avoir « plus subi que voulu ». Le système était à ce point vermoulu qu'il ne fallait ni une grande lucidité ni un courage exceptionnel pour se résoudre à sacrifier les vieilles structures. Y avait-il seulement moyen de faire autrement ? Le cataclysme n'était-il pas programmé, avec ou sans Gorbatchev ? J'ai aussi en mémoire la sévérité des dirigeants chinois que j'ai rencontrés en mars dernier et qui se gaussaient de son incapacité à réformer l'économie soviétique. A sa décharge, ses admirateurs soutiennent qu'il aurait pu tenter de bloquer le processus de libéralisation-décomposition, et rendre le dénouement tragique. Cette immense révolution s'est déroulée, il est vrai, sans bain de sang. Et son dialogue confiant avec les dirigeants occidentaux, notamment Reagan et Bush, nous a peut-être épargné les aventures extérieures où les régimes en décadence cherchent parfois à se refaire une santé. Mais je n'arrive pas à écarter l'idée qu'il a agi comme un syndic de faillite, avant tout soucieux de sauver les meubles du communisme et peu à peu contraint de liquider la totalité du patrimoine. En tout cas, l'engouement de Mitterrand pour sa personne aura fait commettre à ce dernier quelques bons contresens diplomatiques...

*Samedi 28 décembre*

Peut-on braver impunément les puissants, même (ou surtout) s'ils vous aiment ? Je finis par me le demander. Je crois que Chirac m'aime bien. C'est réciproque. Et pourtant, il n'arrive pas à « digérer » ma candidature aux régionales. Nous avons eu hier une longue conversation au coin du feu sur ce sujet, et d'autres. Son raisonnement est toujours le même : « La région, ça ne compte pas ; si vous êtes élu président, vous aurez du mal à vous maintenir au secrétariat général du RPR, qui constitue, lui, un poste politique de premier plan ; si vous voulez faire partie du gouvernement (et je ferai tout pour que vous en soyez), vous serez obligé de démissionner au bout d'un an, ce qui fera désordre ; sinon vous vous serez mis vous-même sur une voie de garage. » Il y a à la fois un peu d'exagération et pas mal de vrai dans son argumentation. Je lui réponds paisiblement que la région, demain, comptera de plus en plus ; que je n'ai qu'une envie modérée d'aller au gouvernement entre 93 et 95, pour une cohabitation qui s'annonce plus difficile encore que la première, et que, de toute manière, j'ai l'intention de quitter le secrétariat général dès le lendemain des élections législatives : « Cinq ans, ça suffit. » A deux ou trois reprises, il a évoqué mon départ de la rue de Lille sans parler de date. L'idée ferait-elle son chemin que, dès mon élection à la présidence de la région, je devrais m'en aller ? J'imagine que mes meilleurs camarades — ou compagnons — commencent à distiller le poison. Après tout... Tant qu'à changer, allons jusqu'au bout. Je ne répugne pas aux actes gratuits. 92 décidément s'annonce pleine de nouveautés...

# 1992

*Dimanche 5 janvier*

Hier, à Notre-Dame, sous la présidence du cardinal Lustiger, profession religieuse des quatre bénédictines du Sacré-Cœur de Montmartre. J'avais promis de venir. Longue, très longue cérémonie, qui m'émeut à plusieurs reprises jusqu'aux larmes. Je retrouve les fastes de l'Église catholique, apostolique et romaine. Procession, évêques mitrés, encens, beauté des chants des religieuses qui m'avaient expliqué, lors de ma dernière visite, l'esprit de leurs recherches avec le compositeur J. M. Dieuaide (quel nom !). Dans cette nef sublime, le charme opère. N'est-ce que spectacle, théâtre, émotion plus esthétique que vraiment religieuse ? Je ne sais. Mais Chateaubriand a raison : la beauté et l'émotion, fussent-elles d'abord du domaine des formes, conduisent au recueillement et peut-être à la prière. C'est ce qui m'inquiétait dans les réformes liturgiques récentes : la coupure avec un passé millénaire, la volonté de simplicité trop affectée et qui ne menait bien souvent qu'au dessèchement et à l'appauvrissement. Le mystère a besoin de la fête et même de la pompe. Cette très belle cérémonie m'a rassuré. Et puis, il y avait l'essentiel : ces quatre jeunes filles, allongées de tout leur long sur le pavement de la cathédrale, et leurs paroles, un peu effrayantes : « Gloire à Dieu par le cœur du Christ ! l'an du Seigneur mil neuf cent quatre-vingt-douze, le quatrième jour du mois de janvier, moi, sœur Marie-Reine (Marie-Noël, Dominique-Marie, Marie-Jacques...) pour la gloire du Dieu tout-puissant, devant la bienheureuse Vierge Marie, notre Père saint Benoît, et tous les saints, je fais POUR TOUTE MA VIE vœux de chasteté, pauvreté et obéissance, selon les constitutions des bénédictines du Sacré-Cœur de Montmartre... »

Et, en signant la « cédule » sur l'autel : « J'ai signé cet acte de ma propre main. »

Ce qui me frappe le plus, c'est la netteté, la force des voix. Dans la rangée devant moi, les parents pleurent à chaudes larmes, sans doute angoissés devant la folie d'un tel engagement, POUR TOUTE LA VIE ! Mais après tout, c'est aussi ce que l'Église demande aux laïcs quand ils se marient ! D'ailleurs, les religieuses reçoivent une alliance des mains de la prieure générale, et, dans sa prière, le cardinal dit : « Le jour où elles te rencontreront, qu'elles n'aient pas à craindre les paroles d'un juge, mais qu'elles entendent la voix de l'époux les invitant à partager sa joie. » Je relève aussi cette belle parole de la prieure, quand les vœux ont été prononcés : « Désormais, vous avez tout en commun avec nous. »

Je rentre à pied chez moi. Il fait froid. Il bruine. Rue Saint-André-des-Arts, je passe devant un café-théâtre qui affiche insolemment un « show superérotique ». J'écoute les infos à la radio : on annonce que l'ancien maire de Washington, actuellement en prison pour trafic de drogue, s'est fait caresser en plein parloir par une belle visiteuse, au vu et au su des gamins venus voir leur père ! Comment comprendre qu'au même moment le monde nous donne des images de l'homme aussi étrangères les unes aux autres ? Mon incompréhension est sans doute naïve : c'est une longue histoire, la plus longue histoire. Mais le « choc des photos » est dérangeant. Cérémonie dérangeante, c'est le mot.

*Lundi 23 mars*

9 heures 30. Je suis seul dans mon bureau à l'Hôtel de Ville. Depuis plus d'une heure, je tourne les chiffres dans tous les sens. Je dois me rendre à l'évidence : je n'ai pas de majorité suffisante dans le nouveau conseil régional que les Franciliens viennent d'élire. Mes collaborateurs, qui ont tant cru à la victoire, ont essayé de me persuader que je gardais toutes mes chances. JC que je viens de quitter a adopté une attitude de stricte neutralité ; il ne veut pas m'influencer, de peur, sans doute, que je ne le lui reproche plus tard. Il a simplement fait le nécessaire pour convaincre Giraud et Péricard de se retirer devant moi si je maintiens ma candidature à la présidence. Maintenant la décision m'appartient. Solitude. Froid. Y aller ou ne pas y aller ? Je pèse les arguments : si je me retire, on m'accusera de dérobade ; ce sera un échec. Si je persévère, je suis l'otage des conseillers régionaux du Front national, soit qu'ils s'abstiennent au profit de la coalition PS + PC + Verts + Génération Écologie plus nombreuse que notre groupe, soit qu'ils m'apportent leurs

voix... que je serai obligé de refuser. Il est en outre certain que je ne ferai pas le plein des voix RPR + UDF au premier tour de scrutin car Fourcade se présentera. C'est là qu'est la véritable trahison.

10 heures. Ma décision est prise. Je renonce. Je vais au Sénat, avec JC, l'annoncer à mes colistiers. Je leur demande de voter comme un seul homme pour Michel Giraud. J'ai du mal à avaler ma salive. Je vois le regard des plus fidèles se mouiller.

13 heures. J'embarque mon équipe de campagne qui s'est défoncée pour moi pendant trois mois. JC ne me quitte pas. Nous allons festoyer chez Benoît. J'oscille entre soulagement, écœurement, colère. La gourmandise prend le dessus.

20 heures. Je suis invité en direct dans le journal de la Une. J'ai hésité à accepter et puis j'ai choisi d'assumer ma décision aux yeux de tous. PPDA m'interroge sur les raisons de mon retrait et la manière dont je ressens la situation. J'y vais franchement : « Si je vous disais que j'ai pris cette décision de gaieté de cœur, vous trouveriez que je pousse la langue de bois un peu loin. Et vous auriez raison. Je tenais beaucoup à ce projet. J'ai mis toute mon énergie dans la campagne. Je suis très satisfait du résultat que ma liste a obtenu à Paris. Mais ce matin, j'ai regardé les chiffres et la composition du nouveau conseil régional. Et j'ai constaté qu'il n'y avait en son sein aucune majorité stable et cohérente qui me permette d'administrer la région pendant six ans pour mettre en œuvre le grand projet que nous avions pour elle. Telle est l'absurde loi de la proportionnelle ! Pour " gouverner " la région, il m'aurait dès lors fallu rechercher la neutralité complaisante, voire l'alliance des socialistes ou du Front national. Cela, je

ne sais ni ne veux le faire. — D'autres le feront-ils mieux que vous ? me demande PPDA. — Je suis secrétaire général du RPR. Ma candidature prenait donc une signification un peu symbolique. Les positions claires et constantes que j'ai toujours eues vis-à-vis du Front national étaient de nature à provoquer tous les règlements de compte. Cet élément jouera peut-être moins contre d'autres. En tout cas, je n'ai pas voulu m'entêter, et, pour des raisons d'ambition personnelle, faire courir à l'UPF le risque de perdre l'Île-de-France. Et puis chacun a ses qualités et ses défauts ! On me reproche parfois d'être un peu raide. C'est sans doute vrai. Je ne suis pas habile dans l'art de rechercher les combinaisons. On ne se change pas ! »

*Jeudi 14 mai*

Déjeuner avec D. Il me présente un de ses amis, banquier en Suisse. L'homme est intelligent. Il se prépare à assumer d'importantes fonctions dans l'une des plus grandes banques d'affaires internationales. Ce qu'il me dit, avec beaucoup de conviction, me stupéfie : « Du temps du général de Gaulle, il n'y avait pas trois ministres qui eussent un compte en Suisse. Aujourd'hui, il n'y en a point trois qui n'en aient pas... » Selon lui, la corruption fait, en France, des ravages.

*Vendredi-samedi 15-16 mai*

Première expérience de ce que les initiés appellent le « FIF » : le Festival international du film, à Cannes. Cela fait trois ans que le nouveau maire de Cannes, Michel Mouillot, m'invite. Mais j'avais jusqu'alors toujours fait la sourde oreille. Les cicatrices de la campagne électorale de 1989, où Mouillot avait battu Anne-Marie Dupuy en utilisant des méthodes peu « catholiques », étaient encore trop fraîches. Le temps fait, là aussi, son œuvre.

Vu *Il Ladro di Bambini*, de Gianni Amelio : la justice italienne arrache à leur mère ses deux enfants, une gamine de onze ans qu'elle prostituait pour vivre, et son petit frère. Le carabinier chargé de les conduire dans une institution spécialisée se prend d'amour paternel pour les deux « bambini » et leur organise une cavale au soleil. Long et lent, mais beau et émouvant. Comme toujours, que ce soit au cinéma, au théâtre ou dans les livres, le malheur des enfants m'est tourment et révolte. Comment Dieu ne protège-t-il pas la seule véritable innocence, celle de l'enfance ? Le petit frère est bouleversant. D'abord fermé comme une huître, il s'ouvre peu à peu à la tendresse du carabinier.

A la fin du film, les applaudissements crépitent dans la grande salle noire. Les lumières se rallument et les projecteurs traquent la petite troupe de comédiens, cachée dans la rangée du milieu. Les deux enfants, qui paraissent plus âgés — et évidemment plus soignés — que dans le film, sont très intimidés. Il faut qu'ils se lèvent, qu'ils se livrent au public. Ils pleurent dans les bras du metteur en scène. C'est presque indécent, ces bravos qui paraissent les étourdir, ces feux braqués sur leur émotion. Mais c'est ça aussi, Cannes, j'imagine.

Merveilleux dîner au Moulin de Mougins. Avec l'âge, je deviens de plus en plus gourmand. Je dis « avec l'âge » sans y croire. Le moment va venir d'y croire...

Autre « rencontre » : Marie Laforêt, belle, avec ses yeux comme au temps de *La Fille aux yeux d'or*, spirituelle et cultivée. Elle nous parle de ses recherches sur César et Vercingétorix, qu'elle soupçonne de relations homosexuelles. Le nom de Cicéron vient dans la conversation : « Cet Edgar Faure des derniers temps de la République », ironise-t-elle. Drôle. Et vrai quand j'y pense : l'amour immodéré du verbe, l'agilité de l'intelligence. La souplesse d'échine en tout cas. Cicéron finit néanmoins sur un refus.

*Samedi 16 mai*

Dans l'avion qui me ramène de Cannes, je me délecte de la prose alerte et fine de Denis Tillinac : *Le Retour de d'Artagnan.* Quelle joie de trouver sous la plume d'autrui ce qu'on sent soi-même depuis longtemps et que l'on brûle d'écrire : « Pour l'heure, il existe une droite high-tech, immobilière, spéculatrice et européiste, “ branchée ” sur tous les câbles de la modernité, une droite au sang glacé qui voudrait que l'ordre social fût contrôlé par les parvenus du système marchand... C'est la droite d'argent, amorale par essence, et servile : tantôt elle se planque derrière Pétain, tantôt elle rallie Mitterrand... Elle est aussi peu avenante que la gauche caviar, sa jumelle. »

Ou bien encore : « Les origines de la droite sont

réactives : une méfiance, une dénégation, une *ironie* (je souligne ironie) — en tout cas, une mise à distance critique du monde “ moderne ”. » Et ce que j'ai si profondément vécu, rue d'Ulm et à la Sorbonne, dans les années 60 : « J'ai su que j'étais de droite aux environs du printemps 1968. Le marxisme régnait dans les facs comme la scolastique dans les universités du Moyen Age, une glose innombrable accommodait la théologie officielle à la sauce freudienne ou structuraliste. La foi marxiste avait son Église, son clergé, ses liturgies, ses casuistes, ses ermites babas, ses dominicains maos. (...) On ne plaisantait pas avec le dogme, chaque barbe de maître-assistant dissimulait un goupillon d'inquisiteur et on était sommé de choisir son camp. L'incroyance m'a installé à droite. » Tillinac, mon frère en incroyance, je préfère « en ironie ». Il faut que j'aille au bout de ces pages à la fois joyeuses et sévères. J'avais invité Tillinac et quelques écrivains amis à déjeuner au siège du RPR, il y a deux ou trois ans. D'où nous vient, à droite, ou plutôt peut-être d'où me vient à moi, cette incapacité à garder le contact, à créer des réseaux, à vivre en bandes, comme Jack Lang sait si bien le faire à gauche ! Le manque de temps n'est qu'un piètre alibi.

*Dimanche 17 mai*

Ces quelques heures à Cannes m'ont quand même éloigné des miasmes de l'hémicycle où se jouait cette semaine le premier épisode de Maastricht, l'examen en première lecture du projet de révision constitutionnelle préalable à la ratification du traité. J'ai rarement vécu des heures aussi dures politiquement que celles de mardi dernier, de la nuit et de la matinée qui ont suivi. Partagé entre la fureur de nous voir nous fourvoyer dans les marécages de l'abstention et l'humiliation que nous ont infligée, lors de la réunion de l'intergroupe, nos « partenaires » de l'UDF et de l'UDC. Leur joie de voir le RPR empêtré dans ses contradictions, leur triomphalisme au petit matin quand le gouvernement leur fit les quelques concessions supplémentaires qui ôtaient leurs derniers scrupules, tout cela avait quelque chose d'indécent.

Je suis ce soir tenté par la démission. Je supporte de plus en plus mal le jeu « perso » de nos « mammouths ». Je me suis fait plaisir en déversant ma bile dans *Libération*. Ai-je eu raison, ai-je eu tort ? Chirac m'a reproché de relancer la polémique alors que, selon lui, notre vote d'abstention avait fini par être bien compris. Ce n'est pas mon sentiment, et, de toute façon, j'avais envie de dire ce que je pense, tout ce que je pense.

Oui, Giscard en a rajouté pour nous enfermer dans l'opprobre qui frappe tout ce qui n'est pas « européen ». A lui la modernité, à nous le ringardisme. Comment ne voit-il pas que c'est son tandem avec Chirac qui en pâtit aux yeux de l'opinion, lassée de leur rivalité, inquiète des risques de défaite qu'elle porte en germe ?

Oui, Séguin a dramatisé en prophétisant la fin de la souveraineté nationale et de ce qu'il appelle joliment l' « exception » française. Du temps où il était « rénovateur », l'Europe l'effrayait moins. Quel que soit le poids de ses nouvelles convictions — on peut toujours évoluer —, il y a dans sa démarche une bonne part de tactique politique : il retrouve un espace pour « exister ». Si chacun n'y allait pas de son petit calcul personnel, nous pourrions dépassionner le débat sur Maastricht, le ramener à ses justes proportions et éviter dès lors d'en faire une pomme de discorde entre nous. Je rêve...

*Mercredi 20 mai*

Bureau politique du RPR : nous abordons la question « Philippe de Villiers ». Ami ou ennemi ? Les deux thèses ont parmi nous des adeptes. Il « combat pour les valeurs ». Soit. Mais pour quelles valeurs ? Rétablissement de la peine de mort, interdiction de l'interruption volontaire de grossesse, etc. La « pensée Villiers » est à proprement parler réactionnaire. Je demande : « Devons-nous à tout prix courir après les deux ou trois millions de Français qui, dans le climat actuel de crise morale et politique, cherchent le salut dans la réaction ? Ils ont d'abord prêté l'oreille à la sirène Le Pen. Les voici séduits par quelqu'un qui fait plus " classe ", plus BCBG. Le fond du problème, c'est que nous n'avons pas les mêmes valeurs. Le gaullisme et la réaction n'ont jamais fait bon ménage. Nous nous sommes toujours rangés dans le camp du mouvement et du progrès sans pour autant mépriser l'ordre. C'est notre originalité. Alors restons nous-mêmes. Pas de confusion de valeurs, y compris sur la Nation, la Patrie, la France. Régis Debray a très bien expliqué en quoi le patriotisme gaulliste était étranger au chauvinisme réactionnaire. »

*Mardi 26 mai*

Tout ce tintamarre autour de la démission forcée de Bernard Tapie m'écœure. Je n'ai aucune affinité avec ce personnage. Peut-être mon jugement est-il superficiel puisque je ne lui ai jamais parlé. Mais l'image que j'en ai est celle d'un personnage grossier. Que Mitterrand et Bérégovoy s'en soient entichés au point d'en faire un ministre montre à quel degré de désarroi le régime est tombé, à quelles extrémités les princes qui nous gouvernent en sont réduits pour capter des voix ! Mais les captent-ils vraiment ? Une fois encore les Français font preuve d'un grand bon sens : le personnage Tapie leur est sympathique parce qu'il tranche avec le stéréotype énarchique ; mais 60 % d'entre eux — si l'on en croit les sondages — estiment qu'il n'avait pas sa place au gouvernement. En tout cas, les contorsions du parti socialiste pendant les dernières quarante-huit heures ont été du plus haut comique : on commence par se boucher le nez devant tant d'effluves nauséabonds ; puis, comme le dit drôlement Marc Tronchot sur Europe 1, on balance les encensoirs autour de saint Tapie...

*Mercredi 27 mai*

Suis-je enfin devenu un vrai Vénitien ? Je vis mon rêve : j'ai dans ma poche la clef de « ma » maison. Je ne suis plus un touriste comme les autres, qui laisse, anonyme, sa clef à la réception de l'hôtel.

« Ma » maison — que j'ai louée à un ami — a des

murs rouges et des volets de bois verts. Elle donne sur un campo qui offre, jour après jour, heure après heure, le spectacle de tout ce qui fait Venise : quelques platanes, la margelle de marbre de deux anciens puits, un palais gothique pas vraiment en ruine, des façades ocre, jaunes, rouges, grises, de brique, le campanile de la chiesa dei Carmini, le kiosque à journaux d'*Il Gazzetino*, les terrasses de plusieurs trattorias, gelatterias, « caffés »... Le temps est somptueux. Il est 18 heures. Les enfants crient, les adolescents draguent, les grands-mères cancanent.

Ce matin, à peine levé, j'ai regardé les écoliers, cartable au dos, les employés attaché-case à la main, qui pressaient le pas vers leur travail. Je me demande : « Mais que fait-on quand on travaille à Venise ? » Comme si cette ville ne pouvait être associée qu'à l'idée de plaisir, de fête ou d'amour.

Je me dis, les yeux fixés sur le campo, qu'il y a des enfants qui partent à l'école, donc des professeurs ; des banques qui ont pignon sur rue, donc des banquiers ; des restaurants, donc des serveurs et des comptables...

Mais le plus dépaysant, à Venise, c'est le bruit. L'absence de bruit d'automobiles, bien sûr. Mais aussi le bruit : celui des moteurs de bateaux, le clapot de la marée contre les quais, le froissement des ailes de pigeon sur la place Saint-Marc, et surtout le bruit des voix. Le matin, sur le campo, les voisins s'apostrophent. Dans mon demi-sommeil, je cherche à comprendre quelques bribes de patois vénitien. A Paris, comme dans toutes les villes, c'est le vacarme de la benne à ordures qui nous réveille ; il y a belle lurette qu'on ne peut plus se parler d'un trottoir à l'autre.

*Dimanche 31 mai*

Je lis, à la une d'un grand hebdomadaire : « Bientôt, le mariage des homosexuels. » Stupeur. Je crois pourtant être « libéral ». Je me souviens de l'aveu, encore un peu honteux, que me fit, il y a plus de vingt ans, mon ami C. quand il décida d'assumer publiquement son homosexualité. A sa question angoissée, ma réponse fut immédiate : « Cela ne change absolument rien à notre amitié. » Mais faut-il aller jusqu'à organiser, légalement, une parodie de mariage ? Sans doute, le « contrat d'union civile », puisque c'est ainsi que cela va s'appeler, a-t-il été conçu pour résoudre de réelles difficultés juridiques, administratives, financières. Mais, l'homologie avec le mariage me paraît à la fois grotesque et inutilement provocatrice. Après tout, les couples homosexuels se sont toujours débrouillés avec la sécurité sociale ou le fisc ! Il est vrai que l'Église elle-même ou du moins certaines Églises chrétiennes célèbrent des mariages entre homosexuels !

Liberté, oui. Officialisation de ce qui est peut-être un acte d'amour mais sûrement pas... Pas quoi ? Je m'embrouille moi-même dans mon raisonnement. Dès lors que, par « largesse de vues », je renonce à condamner et que même, au nom de la liberté individuelle, j'accepte et je respecte, comment ne pas aller jusqu'au bout de la logique ?

Mon refus est purement passionnel, un sursaut, un blocage diront certains, la protestation d'une certaine idée de la « normalité », de la famille, de la vie en société dont j'ai été nourri tout au long de mon éducation. Mais n'est-ce pas justement cela la culture, les racines ?

*Vendredi 5 juin*

Dîner à Budapest sous la présidence du Premier ministre Joseph Antall, que j'avais rencontré pour la première fois en décembre 1989. A l'époque — il me rappelle ce souvenir —, il n'était encore que le leader à peu près inconnu du Forum démocratique. Il me reste reconnaissant du soutien que nous lui avons apporté avant qu'il ne soit au pouvoir. Je me rappelle notamment les photocopieuses que nous leur avions amenées pour leur campagne électorale. Il me remercie avec chaleur. Notre ambassadeur me l'avait dépeint à l'article de la mort, flottant dans ses vêtements. Je le trouve en pleine forme. Le pouvoir, comme drogue.

*Samedi 6 juin*

Réunion plénière de la conférence des partis amis du Forum démocratique. Le ministre des Privatisations, Tamàs Szabo, n'hésite pas à qualifier l'action qu'il mène de « suicide politique ». « Mais, il n'y en a aucune autre possible ! » ajoute-t-il.

Le représentant du parti démocratique chrétien albanais, Dosti, nous arrache presque les larmes des yeux en nous racontant ses plus de quinze années d'emprisonnement. L'homme est cassé. Quant au président de l'Alliance démocratique des Hongrois de Voïvodine, c'est un message d'angoisse qu'il nous lance : les Hongrois sont la seule communauté non armée en Voïvodine, explique-t-il. Les Serbes chassés de Bosnie ou de Croatie refluent en Voïvodine. Ils n'ont plus de maisons et celles des Hongrois sont tentantes... L'application par la Hongrie des sanctions décidées par l'ONU ne va pas arranger les choses. Agoston appelle visiblement au secours. Mais quelle garantie puis-je lui donner ? Je sens chez tous mes interlocuteurs, et particulièrement chez Joseph Antall, à quel point est vive l'angoisse devant ce qui se passe tout autour d'eux : la contagion yougoslave fait peur, la Roumanie inquiète. Et, surtout, l'Ukraine, la Russie, les nouveaux pays indépendants de l'ex-URSS paraissent imprévisibles. On me parle de « bandes armées », parfois même de « seigneurs de la guerre ».

Quand nous prônons, à Paris, un nouveau système de sécurité collective propre à rassurer les démocraties qui se sont libérées du joug communiste, nous donnons à nos propos un ton un peu académique. Ici, on est en première ligne. Les Hongrois, par exemple, ont confiance en eux-mêmes. Mais ils savent que le malheur peut les assaillir aux frontières. Et pendant ce temps-là, Maastricht...

*Dimanche 7 juin*

Je marche seul dans Prague, pendant des heures... Je n'ai pas été épouvanté de me voir « dessiné dans les agates de Saint-Vit ». Je vais, au contraire, de bonheur en bonheur. D'église baroque en église baroque. « Ville résidentielle de la magie », dit le poète Vitezlav Nezval cité par mon guide Hachette.

Dans le quartier de Mala Strana, tout près de la charmante place de Malte où furent tournées, je crois, plusieurs scènes du film *Amadeus* de Milos Forman, Notre-Dame-sous-la-Chaîne : un prêtre français y célèbre, en français, la messe du dimanche de la Pentecôte. La nef est toute blanche, le chœur doré. Les croix de Malte rappellent que l'ordre devint propriétaire des lieux au XV^e^ siècle. Impression d'intimité : les proportions de l'église sont modestes, l'assistance est clairsemée et on se donne la paix avec chaleur et conviction.

Une demi-heure plus tard, splendeur et foule en l'église Saint-Jacques. La nef ici est gigantesque, les sculptures surhumaines, les fresques somptueuses. A la tribune, chœur et orchestre interprètent magnifiquement une messe de Schubert. C'est la pompe catholique et romaine. Avant-hier, sous la voûte de Saint-Gui, j'ai ressenti le même souffle : celui de l'histoire. J'ai rafraîchi ma mémoire : la chevauchée de Charles IV, roi de Bohême, saint empereur germanique, m'a donné le frisson.

*Lundi 8 juin*

J'apprends, en rentrant de Prague, que JC réunit ce soir à dîner les « mammouths » du RPR : Balladur, Pasqua, Pons, les trois secrétaires généraux adjoints (Pandraud, Perben et Sarkozy), Toubon, lui et moi.

Avant ce « conseil de guerre », j'essaie de mettre mes idées au clair. Quel a été mon « discours » depuis que le traité de Maastricht a été signé ?

Ce n'est pas un grand traité, ai-je d'emblée affirmé. Il

passe à côté des vrais enjeux de la construction européenne d'ici la fin du siècle : comment partager la prospérité de l'Europe de l'Ouest avec l'Europe de l'Est et réussir l'élargissement ? Comment créer un système de sécurité collective qui, tout en maintenant le lien transatlantique, se fonde davantage sur les États européens et rassure les nouvelles démocraties ? Comment éviter la dérive bureaucratique et « delorienne » de la Communauté contre laquelle Roland Dumas a dressé au Sénat un réquisitoire que Pierre Mazeaud, Nicole Catala ou même Philippe Séguin n'auraient pas désavoué ? Le traité est confus, ambigu. Il sera ce que les gouvernements chargés de l'appliquer en feront. Il est certes dans la continuité de ce que nous avons construit depuis 1958. Mais il ne justifie ni l'enthousiasme des « cabris » fédéralistes, ni le désespoir des gardiens intransigeants de l'identité nationale.

Au total, nous sommes prêts à dire oui à la ratification si certaines garanties nous sont données, notamment à l'occasion de la révision constitutionnelle préalable. J'avais énuméré ces garanties dans un article publié dans *Le Monde*. Je n'ai pas dit autre chose jeudi dernier sur les ondes d'Europe 1 en répondant à Jean-Pierre Elkabbach. Même si Giscard a voulu m'annexer en prétendant que j'étais résolu à voter oui quoi qu'il arrive.

Aujourd'hui, tout, en effet, reste possible. Ou bien nous considérons que nous avons obtenu assez de satisfactions pour voter oui. Ou bien nous dénonçons l'intransigeance d'un gouvernement qui a refusé certains de nos amendements essentiels, en particulier sur le droit de vote des non-nationaux, et nous sanctionnons cette intransigeance par un vote négatif.

Il sera intéressant de voir qui se rangera ce soir dans le camp des oui, qui dans le camp des non (Pasqua qui nous a maintes fois affirmé qu'il était décidé à ratifier le traité ?), qui dans celui de l'abstention.

Et moi ? Où en suis-je vraiment aujourd'hui ? Pourquoi le cacher ? je suis tenté par le non. C'était déjà ma tendance lors du « mardi noir » à l'Assemblée. J'y vois un avantage majeur : sur cette position, nous ferons sinon l'unanimité, du moins une large majorité dans le Mouvement. Nous perdrons peut-être Barnier, ou Devedjian. Mais ce ne sera pas l'éclatement.

Inconvénients : l'UPF en prend un sacré coup. Mais le mal n'est-il pas déjà fait ? Peut-on être présidentiable quand on a voté non à Maastricht ? Si le non l'emporte, c'est la pagaille en Europe. Mais voter oui, c'est aussi prendre des risques graves. Certes, cela peut préserver l'avenir présidentiel de Chirac et éviter de l'enfermer dans le cartel Marchais, Le Pen, Chevènement... Mais, c'est peut-être l'implosion, voire la disparition du RPR. Comme je le lui disais ce matin au téléphone, le choix appartient en conscience au chef. Je ne me désolidariserai pas de lui. Est-il prêt à se poser en chef de file de ceux qui, sans craindre l'Europe, ne veulent pas entendre parler de compromission avec Mitterrand et les socialistes ? C'est un pari, mais il peut ramasser la mise.

Que lui apporte le oui ? Une certaine constance d'idées et de positions. Il n'est pas sûr qu'elle soit ressentie comme telle. Je crains que sur le terrain du oui, Chirac ne soit dépassé par Delors, Rocard, Giscard, Léotard... tandis que ses troupes les plus fidèles, allergiques à tout ralliement réel ou supposé à Mitterrand, risquent de l'abandonner.

Chirac m'objecte que, si le non l'emporte au référendum, cela créera une crise majeure en Europe. Ce sera un coup dur pour la France. Est-ce si sûr ? Le traité de Rome reste en vigueur. Et dès 1993, nous pourrons engager une renégociation. Je sens bien qu'intellectuellement, je penche pour le non.

Intellectuellement, ou plutôt fonctionnellement. Ce serait bien sûr la position la plus facile à tenir pour le secrétaire général du RPR. Si le non l'emporte, c'est la déroute de Mitterrand et tout devient possible à court terme. Si le oui gagne, nous n'en restons pas moins le fer de lance du combat pour les prochaines législatives.

Qu'est-ce qui me retient de basculer franchement dans le camp du non ? Je suis sensible au reproche de « ringardisation » qu'on fait souvent aux opposants à Maastricht ; j'ai conscience qu'en lui conseillant de voter non, je fais prendre à Chirac un pari du style « tout ou rien ». Bref, je doute. Ce qui me rassure, c'est que tout le monde doute autour de moi. En tout cas, je n'irai jamais me produire sur des tréteaux aux côtés de Bérégovoy, de Fabius ou d'Élisabeth Guigou, même à l'invitation du Mouvement européen. Un peu de décence ! Il y a huit jours à peine nous dénoncions vigoureusement la politique agricole de M. Mitterrand et de son gouvernement. En fait, la bonne position serait de dire : « Oui, à l'Europe et à Maastricht. Non, à la politique européenne et intérieure de Mitterrand. » Mais quelle consigne de vote en tirer ? Quel casse-tête...

*Mardi 9 juin*

Réveil en fanfare : le téléphone sonne à 6 heures 30. C'est Jean-Pierre Elkabbach qui m'invite à son émission de 7 heures 45. Difficile de refuser. Une heure plus tard, sur Europe 1, j'essaie de faire passer un message simple : nous sommes prêts à dire oui à Maastricht — sous les réserves que j'ai plusieurs fois exprimées — mais nous sommes bien décidés à dire non à Mitterrand. Les chefs de l'UDF font une faute politique grave en allant battre les estrades avec des ministres ou des députés socialistes. Les images Giscard-Guigou auront à la télévision une force dévastatrice. Je laisse toutefois la porte ouverte : que l'UDF se ressaisisse et nous pourrons « refonder » l'union sur une plate-forme de gouvernement.

Hier soir, l'unanimité s'est faite très vite sur le projet de communiqué condamnant les réunions communes UDF-PS. Pour le reste le débat a été plus confus. J'ai été pratiquement le seul à envisager — sur le mode interrogatif — que Chirac prenne la tête des partisans du non et s'érige ainsi en chef de guerre contre Mitterrand et les socialistes. Toubon a vigoureusement plaidé pour la fidélité à nos convictions : puisque nous sommes européens, il faut le dire aux Français et voter oui. Curieusement, Pasqua se range dans le camp des abstentionnistes. A trois reprises, je mets les pieds dans le plat, ce qui comble JC d'aise : « Charles, quelle sera finalement ton attitude ? Prendras-tu la tête de la croisade pour le non ? Resteras-tu solidaire de la direction du Mouvement ? » Pasqua élude mes questions. A trois reprises, il refuse de s'engager, au motif que beaucoup d'eau coulera sous les ponts d'ici le mois de septembre. Quant à JC, je sens que son intime conviction est faite, même s'il ne souhaite pas aujourd'hui l'afficher : il ne veut pas être l'homme d'État qui porterait, vis-à-vis de Kohl ou de Major, la responsabilité d'un non français.

*Mercredi 10 juin*

François Léotard me succède ce matin à la radio. Il est bon. Clair. Bien dans sa peau européenne. A peine gêné par l'affaire des réunions communes UDF-PS qu'il transforme habilement en « réunions contradictoires ».

La querelle de Maastricht lui aura sans doute beaucoup profité. Il a fait son choix dès le début sans s'embarrasser des réticences de ses amis. Et surtout, le matraquage médiatique contre le couple infernal Giscard-Chirac le sert. Je doutais de sa capacité à convaincre les Français qu'il pût faire un président : ce n'était pas seulement à mes yeux une question d'âge mais surtout d'expérience gouvernementale. Je finis par me demander si l'extermination réciproque de nos deux grands chefs ne va pas le mettre en situation de jouer sa propre carte dès 1995. Et pendant ce temps-là, pour éviter l'affrontement Pasqua-Chirac et l'explosion du RPR, je m'empêtre dans les filets du « oui, si... » Quel gâchis !

J'ai déjeuné hier avec Jérôme Clément, vieux camarade de khâgne à Louis-le-Grand. J'ai bien aimé son livre*, un peu naïf mais rafraîchissant. Je reste, pour lui, une énigme. Il me le redit : « Comment, étant ce que tu es, socialement, intellectuellement, moralement, n'as-tu pas milité au PS ? » Son étonnement continue à m'amuser. Ma seule réponse, c'est le refus du conformisme et du terrorisme intellectuel. Sans compter, depuis dix ans, la trahison et la corruption. Je le sens ébranlé. Mais je respecte son « héroïsme » : il « continue ».

*Vendredi 12 juin*

Voyage éclair à Istres où Serge Dassault veut nous montrer le Rafale. Les récentes déclarations de François Fillon, qui ont sans doute été mal interprétées (il préconisait, sinon l'abandon, du moins le report du programme Rafale), ont mis l'héritier de la maison Dassault hors de ses sens. Pour moi, et la petite délégation qui m'accompagne, il sort le grand jeu.

Sur le fond, le message est limpide : les ingénieurs, les pilotes et les financiers « maison » m'expliquent tous que la poursuite du programme est vitale, qu'il y va de la survie de l'entreprise. Je retiens surtout une image, ou plutôt un son : dans la salle d'observation où sont concentrés tous les paramètres de vol de l'avion, on entend la respiration du pilote, lente et appliquée comme celle d'un plongeur sous-marin dans son masque à oxygène. Dans cet univers ultra-sophistiqué et informatisé, c'est un battement de vie. On m'explique qu'à deux reprises, au cours des dernières années, cet

* *Un homme en quête de vertu*, Grasset.

enregistrement du souffle vital a permis de sauver un pilote en difficulté : malaise cardiaque ou bien perte de connaissance, l'équipe à terre réagit à la seconde, parle, conseille, sauve.

*Dimanche-lundi 14-15 juin*

Je réunis la « commission exécutive » du RPR (mon gouvernement de la rue de Lille) pour un après-midi, une soirée et une matinée de travail.

A l'ordre du jour, le message du RPR : comment le rendre plus convaincant ?

Les idées qui surgissent autour de la table n'ont rien de bouleversant : nous devons apparaître comme le parti du mouvement, une force de proposition, d'imagination plutôt qu'une opposition systématique et manichéenne ; il faut rappeler sans cesse nos principes, les raisons de notre engagement : le sentiment national, le sens de l'État, la foi dans l'individu, sa responsabilité, le mérite personnel à condition que soit assurée une réelle égalité des chances. En fait, nous retrouvons les têtes de chapitre du projet que nous avions longuement mûri l'an dernier. D'une certaine manière, c'est rassurant.

Reste que, pour accrocher l'attention de Français plutôt blasés, il faut mettre le projecteur sur quelques priorités simples : chômage, éducation, écologie, sécurité, immigration, aménagement du territoire... Bref, tenter de répondre aux angoisses quotidiennes des gens. Donner confiance et espérance sans leurrer. Convaincre qu'il y a quelque chose à faire sans laisser miroiter des solutions miracles auxquelles plus personne ne croit. Vaincre le scepticisme, refuser la fatalité, mais en restant « crédibles », c'est-à-dire réalistes. Exercice difficile.

Ce qui compte surtout, ce soir, c'est le climat qui règne entre nous : écoute, camaraderie. Tout arrive. Barnier, Carignon... me disent qu'ils souhaitent renouveler l'expérience. La vie politique est faite de contacts superficiels et le plus souvent conflictuels. Se connaître, prendre son temps : aujourd'hui, nous avons fait cet effort. Simple élan de boy-scoutisme, sans lendemain ? Pourquoi verser dans le pessimisme ?

*Mardi 16 juin*

Je crois lire la stratégie de Pasqua : il s'est d'abord imaginé qu'il pouvait réunir au Sénat une majorité RPR-Républicains indépendants + quelques centristes et quelques non-inscrits décidés à s'opposer à l'extension du droit de vote aux non-nationaux. Cette opération avait sans doute à ses yeux un double avantage : bloquer la révision constitutionnelle d'une part et mettre ainsi Mitterrand en difficulté. Le poser d'autre part en chef de file de la majorité sénatoriale tout désigné pour accéder sans coup férir à la présidence du Sénat en octobre prochain.

Le rêve s'est brisé. Pasqua avait sous-estimé l'influence de Giscard sur les sénateurs centristes et même indépendants. Les plus « allants » contre l'extension du droit de vote ont lâché Charles en rase campagne. Mon ami Roger Chinaud notamment à qui Giscard a vigoureusement remonté les bretelles.

Sentant que sa manœuvre avait échoué, Charles s'est

durci. Il a bétonné l'unité du groupe RPR sur une attitude très négative. D'où son changement de stratégie : s'affirmer comme le chef de la croisade anti-Maastricht (après nous avoir répété depuis décembre qu'il ratifierait le traité !), et du même coup comme le leader de la vraie opposition à Mitterrand. Dans la foulée du référendum, engager une campagne très active en vue des législatives, marginaliser Chirac accusé de mollesse et d'indécision, capitaliser le succès de mars 1993 et tenter sa chance aux primaires présidentielles.

On va voir quel sera le « contre » de Chirac. Compétition rude où tous les coups seront permis. Comment éviterai-je de me faire écraser entre les deux rouleaux compresseurs ?

*Dimanche 21 juin*

17 heures. Réunion dans le bureau de JC à l'Hôtel de Ville. Outre JC et moi-même, sont présents Balladur, Pons, Pasqua et Séguin. Ordre du jour : définir la position des parlementaires RPR au Congrès de Versailles mardi prochain. JC qui a préparé le terrain s'attend à une belle unanimité. En fait, Séguin fait de la résistance. Il exhorte JC à abattre son jeu, à annoncer qu'il votera oui au référendum de ratification et à laisser la liberté de vote d'abord à nos députés et sénateurs puis à nos militants et électeurs. « J'imagine, ajoute-t-il, que les partisans du oui ne feront pas, dans nos rangs, une campagne enthousiaste. En revanche les partisans du non s'engageront à fond. Si le oui l'emporte, tu seras du bon côté, dit-il à Chirac. Si le

non gagne, nous t'apporterons la victoire sur un plateau d'argent. » Mon Chirac est trop méfiant pour ne pas éventer le piège. Je mets les pieds dans le plat : « Si le président et le secrétaire général sont très évidemment minoritaires au sein du Mouvement, la légitimité ne changera-t-elle pas de camp ? » En d'autres termes : « N'allez-vous pas nous piquer le RPR ? »

Pasqua est gêné. Il ne veut pas se désolidariser de Séguin. Mais il a promis à Chirac d'entraîner le groupe sénatorial sur la voie de la non-participation. Balladur prône l'abstention maintenant et plus tard. Chirac fait le forcing et menace de « bien situer les responsabilités » si nous nous donnons le ridicule de nous partager en trois tiers au Congrès. Ça marche. Séguin et Pasqua finissent par céder. Nous mettons au point le scénario : décision des deux groupes demain à 16 heures, présence à Versailles mardi à 10 heures 30, confirmation de la décision lors de la réunion des groupes à 10 heures 40, puis départ collectif. Je sens que Séguin, avec qui je poursuis la conversation dans la cour de l'Hôtel de Ville, ne cherche pas l'affrontement direct au sein du RPR. Il faut, quoi qu'il m'en coûte, que je le voie longuement pour esquisser une solution.

21 heures. La fête de la musique me décrasse un peu l'esprit. Cap sur les Halles, où mon fils se produit avec son groupe « les Pougnes » (les « polars », en argot de Centrale). Il est visiblement heureux de chanter et de se trémousser au bout de son micro. Il se défonce. Quand, au bout d'une heure, je lui fais signe que je m'en vais, il me salue d'un gentil « Bonne fête, papa ! » dans le micro. Bon gars. Mais les Pougnes ne sont pas encore les Beatles...

*Mardi 23 juin*

Journée de Congrès à Versailles.

J'attaque de bonne heure. RTL à 7 heures 50. Comme d'habitude avec Philippe Caloni, le ton est plutôt « cool ». C'est l'anti-Elkabbach. L'émission est sans doute moins dynamique, moins incisive, mais je me sens plus en confiance et je m'explique mieux.

Je répète nos deux arguments : une révision constitutionnelle aussi importante ne peut être approuvée que par le peuple lui-même par voie de référendum ; le traité qui motive la révision n'est pas définitivement au point, pourquoi dès lors nous précipiter ? Caloni me titille sur l'union de l'opposition. Je mets la pédale douce. Je n'imagine pas que la majorité de nos amis de l'UDF soient prêts à passer avec armes et bagages du côté socialiste.

Ciel gris, petite pluie. 9 heures, départ en car pour Versailles. Le RPR a affrété ses propres véhicules puisque nous rentrerons avant tout le monde... Les motards nous ouvrent la route. Malgré les craintes dues, notamment, aux manifestations d'agriculteurs, il y a peu de circulation. Effet dissuasif de l'annonce du blocus paysan ? Dans Versailles, nous trouvons cependant quelques embouteillages. Deux de nos motards se percutent. Ils se relèvent après une chute spectaculaire. L'un des deux boitille. Nous poursuivons notre route, imperturbables. Nous aurions pu marquer un temps d'arrêt ! J'imagine la rogne des automobilistes qui subissent le passage du convoi. Autour du château, grand déploiement de forces de police, de gendarmerie, et même de l'armée.

Le scénario se déroule comme prévu. Une heure plus tard, nous rentrons.

*Jeudi 25 juin*

Le théâtre de l'Atelier, c'est dans mon souvenir, quelques images floues de *Château en Suède* — il y a vingt ans déjà — et, plus précises, de la silhouette de Michel Bouquet dans *En attendant Godot.* Hier soir, Anémone jouait en solo un texte de Botho Strauss. Elle m'avait invité à assister au spectacle lors d'un dîner chez Patrick Dupond. Bien que la critique l'ait assassinée, j'avais promis de venir. Je ne l'ai pas regretté : dans ce one woman show d'une heure, elle est tour à tour violente, tendre, drôle, pathétique... Je vais la saluer dans sa loge à sa sortie de scène. Je la trouve guillerette, visiblement très éloignée des affres sentimentales qu'elle vient de vivre, avec pourtant une grande force de conviction. La schizophrénie de l'acteur m'étonne toujours.

*Lundi 29 juin*

A Hossegor hier soir, j'ai regardé « 7 sur 7 ». Invité : Nicolas Sarkozy, ou la jubilation de « faire de la politique » et d'y réussir. Il est bon. On le sent tellement heureux. Le grand public perçoit-il ce qu'il peut y avoir parfois de « professionnel » dans son propos ? Tout y est : la sincérité « appuyée », le coup de chapeau à tout ce qui plaît... L'ambition, aussi franchement affichée, m'amuse.

Qui osera déranger le bel unanimisme qui s'exprime ce matin dans tous les journaux et sur toutes les ondes autour du voyage de Mitterrand à Sarajevo ? « Courage », « panache », « grandeur »... Mais à quoi cela servira-t-il ? Il faut bien poser la question de l'utilité concrète puisque les gens meurent. N'est-ce pas une fois encore un beau geste destiné à effacer le « bide » de Lisbonne ? Giscard déclare que c'est une démonstration de la nécessité de Maastricht. Cela me conforte plutôt dans l'idée que tout dépend, encore pour longtemps, de la volonté des États et du jeu des diplomaties nationales.

*Mardi 30 juin*

J'exprime, sur les ondes de RMC, ma confiance à François Léotard qui vient d'être inculpé. Je lui ai envoyé un petit mot : « Je pense à toi. Je te dis mon amitié et ma confiance. Fidèlement. » Je sens la joie mauvaise de ceux que son ascension rapide rendait jaloux. Ils ont tort de se réjouir. Une fois encore, l'opinion réagira par amalgame : « Tous pourris »...

*Mercredi 1er juillet*

Dîner hier soir à l'ambassade d'Afrique du Sud. L'ambassadeur parle, argumente, démontre. Il est massif, calme. Il inspire confiance. Je suis très pessimiste sur l'avenir de son pays. Je n'arrive pas à imaginer que la majorité noire résistera à la tentation d'imposer sa volonté à la minorité blanche. Il y a tant d'années de rancœur... Il me laisse gentiment entendre que je ne comprends rien à la situation. Elle n'a rien de commun, dit-il, avec celle que nous avons connue en Algérie. Les Blancs sud-africains sont des Africains. Ils n'ont aucune mère patrie prête à les accueillir. Ils resteront. Quant aux Noirs, on ne peut en parler comme d'une communauté unie. Il y a les Zoulous, les Xhozas... L'enjeu actuel des négociations, c'est le système institutionnel futur : très centralisé comme le souhaite l'ANC, ou fédéral avec un mécanisme très strict de protection des minorités, pas forcément au sens ethnique mais plutôt géographique, comme le veut De Klerk. Il faut que j'aille voir sur place.

*Lundi 6 juillet*

19 heures 30 à l'Opéra-Bastille : la première du *Lac des Cygnes*. Patrick Dupond m'a gentiment adressé une invitation. Moment de perfection : l'orchestre, le corps de ballet, les décors et les costumes, tout est réglé, conçu, réalisé à la perfection. Marie-Claude Pietragalla est justement ovationnée. Comme souvent chez les étoiles, c'est le mouvement de ses bras qui m'attire le plus. Bouffées de souvenirs : il y a trente ans, j'éprouvais la même fascination pour la Plissetskaïa dansant le même rôle au Bolchoï à Moscou. Patrick Dupond n'a pas, dans ce ballet, beaucoup d'occasions de s'exprimer. Quand il y parvient, c'est merveille de grâce, de force, de légèreté. Nous sommes tous frappés par la manière dont il amortit ses sauts : il retombe en douceur, en silence. Éric Quilleré, superbe bouffon, n'a pas encore le même art. A la fin du spectacle, nous

allons sur scène congratuler Patrick Dupond et Marie-Claude Pietragalla, beaux et souriants, malgré l'effort qui creuse leurs traits. Pierre Bergé nous fait ensuite les honneurs de la maison. Immensité de la scène ! Immensité des coulisses, des espaces de répétition... C'est vrai que c'est un instrument fantastique. Va-t-il donner un jour sa pleine mesure ? En tout cas, j'aurai désormais mauvaise conscience quand je le citerai en exemple de la gabegie mitterrandienne...

*Jeudi 9 juillet*

Déjeuner avec Francis Mer, PDG d'Usinor-Sacilor. Toujours aussi vif et intellectuellement stimulant. Nous constatons notre convergence sur deux points au moins :

La Communauté doit se doter d'une véritable politique commerciale et économique extérieure. Il n'est pas exclu que Bush prenne des mesures drastiques de protection ou de reconquête de son marché intérieur (sidérurgie notamment) et qu'il s'engage dans une politique de baisse des taux d'intérêt et de dévaluation de combat du dollar. Que fera l'Europe ? Les pays du Sud et la Grande-Bretagne ne sont-ils pas condamnés à décrocher ? La Communauté reviendra-t-elle alors à ses origines, à six... ou cinq ?

Mer ajoute que les exhortations de Jacques Calvet à mieux combattre l'expansionnisme japonais commencent à être prises au sérieux en Allemagne même.

Sur le chômage, Mer est affirmatif : nous allons, si rien ne change, vers les quatre millions de chômeurs en France. La reprise de la croissance — très hypothétique

— n'y changera rien (sauf à atteindre des niveaux insupportables sur le moyen terme). Il faut donc imaginer de nouveaux emplois, en dehors du système productif traditionnel. Cela rejoint ma propre réflexion : va-t-on continuer à dépenser des dizaines de milliards de francs à financer le chômage ? La collectivité n'a-t-elle pas intérêt à dépenser la même quantité d'argent autrement, en solvabilisant la demande de services sociaux, culturels, sportifs ?

*Jeudi 6 août*

Fin de safari au Kenya.

Je ne sais rien de l'animisme ni des religions africaines. Mais, « à leur place », j'aurais sûrement divinisé le Kilimandjaro. Dans la lumière légère de l'aube, il a l'air d'un jeune dieu, certes massif mais très « matin du monde », couronné de neige rose. C'est en milieu de journée qu'il m'est apparu le plus étrange, presque inquiétant. Les nuages en cachent la base, le coupent du sol. Le sommet semble flotter comme suspendu au-dessus de nos têtes. Il nous observe. Le « Kili » est alors dieu-père, tutélaire et vengeur.

La réserve d'Amboseli, au pied du Kilimandjaro, grouille d'animaux sauvages : gnous, zèbres, antilopes, gazelles par centaines ; girafes, éléphants, buffles, singes par dizaines... et tous les autres qui viennent s'abreuver à l'eau qui descend de la montagne et affleure dans les marais du haut plateau. Je m'émerveille. Enfance pas morte !

La vie sauvage et ses rites.

D'abord MANGER. On sent tout de suite que c'est l'obsession quotidienne. Les gnous, les zèbres, les antilopes broutent méthodiquement, presque désespérément, pour prendre, dirait-on, de l'avance sur la prochaine disette. On entend crisser l'herbe sèche qu'arrache, d'un mouvement souple, la trompe des éléphants. Notre guide nous apprend que, dans certains parcs nationaux, la densité et la voracité des animaux sont telles que la végétation n'y suffit pas. Paradoxes de la protection de la nature !

JOUER : nous crions tous d'enthousiasme quand trois jeunes guépards bondissent du bas-côté de la piste devant notre minibus.

SE BATTRE : deux gnous tristes (tous les gnous m'ont paru tristes avec leur maigre barbiche et leur démarche harassée, tristes mais dignes) s'affrontent cornes contre cornes. L'un finit par tomber à genoux et demande grâce. Humeur belliqueuse des éléphants aussi, qui surprend notre groupe, sans doute trop « babarisé » ; nous serrons les fesses quand un troupeau se met à charger notre véhicule ; le guide appuie vigoureusement sur l'accélérateur sans chercher à négocier.

SOUFFRIR, MOURIR : ces énormes masses de viande que sont les éléphants ont-elles pourtant une âme ? Au détour de la piste, nous découvrons un éléphanteau couché sur le flanc, visiblement malade. Ses parents le veillent, immobilisés à quelques mètres de lui ; son frère (sa sœur ?) tente de le convaincre de se relever, à petits coups de trompe affectueux. Nous les retrouvons, le soir, sur le chemin du retour. La mère s'est installée debout au-dessus du corps de l'éléphanteau épuisé. Cherche-t-elle à le protéger du soleil ? A le défendre contre on ne sait quel assaillant ? A adoucir ses derniers moments dans un geste d'amour ? Scène d'humanité.

AIMER : le rut rôde dans la savane. Un babouin impudique tire brusquement d'entre ses jambes une longue verge pourpre. Un éléphant, qui nous coupe la route, balance sous son ventre une seconde énorme trompe : il a senti, à quelques dizaines de mètres de là, la femelle en chaleur que monte un autre mâle, plus prompt que lui, dans un nuage de poussière et un concert de barrissements. A vos caméscopes, camarades !

C'est à Tsavo-Ouest, dans le parc Hilton, que nous assistons au spectacle le plus « décoiffant » : à quelques mètres du chemin... et des minibus qui stationnent en demi-cercle autour d'eux, un lion et une lionne dorment paisiblement, indifférents à tout, y compris au bruit des moteurs qu'emballent des chauffeurs peu respectueux de la vie sauvage et des règles strictes édictées dans les réserves. Notre guide nous explique que c'est la saison des amours léonines et que le lion, tant que la femelle n'est pas enceinte, la prend « everrry twenty minutes ». Première manifestation affectueuse dès notre arrivée : le mâle ouvre un œil, se dresse sur ses pattes, bouscule la lionne sans préliminaires d'aucune sorte, la monte à peine éveillée, rugit dix secondes... et se recouche tranquillement. Montre en main, nous attendons vingt minutes. Rien. La nature n'est pas tout à fait arithmétique. Le couple fait languir les voyeurs. Mais dix minutes plus tard, avec un peu de patience, lesdits voyeurs peuvent à nouveau impressionner de la pellicule.

Après quatre jours de piste, j'ai les reins en compote. Repos bien gagné à Diani, à trente kilomètres au sud de Mombasa. Belle plage de sable blanc, bordée de cocotiers, le long de l'océan Indien : la brochure ne mentait pas.

Je n'oublierai pas le spectacle que nous donnions quotidiennement, mollement allongés sur nos matelas : d'un côté, nous, touristes adorateurs frénétiques du dieu soleil, la peau luisante de ce que la cosmétologie occidentale a pu inventer de meilleur ; de l'autre, tenus en lisière par des gardes armés de gourdins (mais oui !), les autochtones, les bras chargés de toute la bimbeloterie produite par l'artisanat local : tissus multicolores, vannerie, animaux en bois d'ébène, lances et boucliers masaï, etc. Entre nous, ce nouveau « limes » qui sépare la « planète des pauvres » et celle des nantis, pour parler à la fois comme Jean-Christophe Ruffin et comme Pierre Lellouche. Comment peut-on imaginer que ce face-à-face puisse longtemps rester paisible ?

*Samedi 8 août. Hossegor*

Ce matin, dans l'avion qui m'amène de Paris, je parcours *Le Monde diplomatique.* Habitude salutaire, hélas perdue depuis le temps de Sciences Po ! Article de Jean Chesneaux, intitulé : « A Tijuana, une frontière, deux mondes. » Il s'agit de la frontière entre la Californie américaine et la Californie mexicaine. Je retrouve l'idée du « limes ». Ici, c'est physiquement un mur, une paroi verticale de lourdes plaques de fer.

D'où ce « tag » (on dit « murale » en espagnol) : « El muro de Berlín cayó.¿ Por qué no éste también ? »

Ce qui me fascine dans les relations Nord-Sud, c'est leur aspect « chronique d'une catastrophe annoncée ». Il y a des années que les historiens, les géographes, les sociologues, etc., et aussi beaucoup de politiques lucides ne cessent d'exhorter les pays riches à consentir davantage de sacrifices pour sortir ce qu'on dénommait naguère le tiers monde de son sous-développement, sous peine d'inéluctable conflagration. Nous le savons. Nous le disons. Le RPR en a fait, depuis longtemps, un de ses chevaux de bataille. JC en parle avec conviction et compétence. Pasqua y consacre l'un des chapitres de son dernier livre. Sans oublier, bien sûr, les innombrables colloques ou conférences internationales tenus sur le sujet. Et il ne se passe rien, ou si peu ! Il suffit de traverser par exemple Mombasa, comme je viens de le faire, pour vérifier que l'Afrique continue à s'enfoncer dans la misère. Nous sommes évidemment à la veille de grands mouvements de population sur la planète si l'injustice reste aussi provocante. Sommes-nous résignés, puisque nous ne sommes pas inconscients ? Est-ce le cycle naturel de la vie et de la mort des civilisations qui nous emporte et que nous acceptons d'avance comme une fatalité ?

*Mutatis mutandis,* je retrouve le même sentiment d'impuissance lucide quand je lis, sous la plume de Pierre Grimal, les *Mémoires d'Agrippine.* Comment Rome pouvait-elle se donner, en ce premier siècle de notre ère, autant de princes fous sans comprendre qu'ils menaient l'Empire à sa perte ? Et si elle le comprenait, pourquoi laissait-elle faire ? Il vient peut-être un temps où les peuples comme les hommes cèdent au vertige suicidaire de la fin prochaine, ou tout simplement à la lassitude de vivre.

*Dimanche 9 août*

A Istanbul comme à Rome, au faîte de la puissance, l'ordre de succession au trône se fixait par assassinat. Dans l'*Histoire des Balkans* de Georges Castellan, je lis : « On a vu que Mehmed II avait essayé de résoudre ce problème de la plus brutale manière, par l'élimination physique des rivaux potentiels. Cette " loi du fratricide " continua à être appliquée jusqu'au début du XVIIe siècle, atteignant un affreux record en 1595 lorsque, à son avènement, Mehmed III fit mettre à mort ses dix-neuf frères et une vingtaine de ses sœurs, tous étranglés le même jour par des sourds-muets ! »

A côté, Tibère, Caligula, Claude, Néron, etc. sont des enfants de chœur ! De même que les carolingiens, qui pratiquaient aussi la loi du fratricide ; Nicole Fabre le rappelle dans sa *Princesse barbare* dont je me suis délecté dans l'avion du Kenya.

Nos mœurs politiques se sont (un peu) policées. Nous avons renoncé au meurtre ; mais le goût de l'intrigue reste, dans nos démocraties, plus vivace que jamais. Je m'amuse de voir les « frais » que font mes jeunes (ou moins jeunes) collègues pressés de devenir ministres, à tel ou tel futur locataire de Matignon. Il y a une Bourse des Premiers ministrables. Les transactions vont s'accélérer au fur et à mesure que nous nous rapprocherons des ides de mars. Après tout, n'est-ce pas la règle du jeu ?

Ce que j'ai aimé dans les *Mémoires d'Agrippine*, c'est moins Agrippine que Pierre Grimal. On finit certes par accorder les circonstances atténuantes à celle que l'histoire nous décrit d'habitude comme un monstre ; l'orgueil qu'elle a de son sang et de son nom, son obsession du pouvoir suprême comme destin et même comme devoir lui donnent une dimension tragique. Ce n'est pas tout à fait de la sympathie qui germe chez le lecteur (toute cette période est tellement « hénorme ») mais déjà de l'admiration et presque de l'indulgence. La fin paraît si haute qu'on se prend à excuser, ou du moins à comprendre les moyens. C'est en tout cas ce que tente de faire admettre Grimal qui, visiblement, aime bien son personnage. J'ai aimé, quant à moi, ce que j'aimais déjà il y a trente ans lorsque, jeune normalien, je suivais les cours de Grimal à la Sorbonne. Nous nous flattions d'être de bons latinistes et c'était sans doute vrai si l'on nous comparait au Sorbonnard moyen. Et pourtant, quel abîme entre la manière toujours un peu laborieuse, en tout cas appliquée, dont nous traduisions (c'est bien le mot) les grands auteurs de l'Antiquité et cette familiarité que Grimal avait avec eux et avec leur langue ! Nous les traduisions, il les lisait. C'était un plaisir de l'entendre nous expliquer l'acception particulière de tel mot à tel endroit, l'élégance d'une tournure de phrase, l'allusion à tel événement historique ou à telle habitude de la vie courante qui nous avait évidemment échappé. J'ai retrouvé dans mille détails des *Mémoires d'Agrippine* cette connaissance intime d'un monde disparu depuis deux mille ans. Elle me fascine toujours et je l'envie toujours, même si elle est, je le sais, le fruit de toute une vie d'étude, souvent obscure et modeste. A l'époque, le défi me rebutait. J'en tirais d'ailleurs des conclusions absurdes. Je soutenais qu'il était vain d'enseigner le grec et le latin dans les écoles puisque même les meilleurs, au bout de dix ans d'apprentissage, étaient tout juste capables d'ânonner un peu de Cicéron et de Virgile, à condition de garder un *Gaffiot* à portée de main. Pourquoi ne pas y substituer l'enseignement de l'allemand, du russe ou du chinois dont les vertus formatrices me paraissaient équivalentes pour l'esprit, et l'utilité immédiate bien supérieure dans la vie quotidienne ? Je me trompais. Avec le temps, je mesure le désastre que constitue pour la connaissance de notre langue et de notre culture l'abandon des « humanités ». Mais il est trop tard. Ce sera demain, paradoxalement, une nouvelle forme de privilège.

Repas dominical.

Je n'ai jamais su résister à la cuisine de ma mère. Elle ne brille pas par la sophistication. Elle est toute de simplicité et d'abondance. Elle a surtout la religion du produit frais, bien d'chez nous. Le terroir landais est, certes, d'une exceptionnelle richesse et je faisais déjà saliver mes « coturnes » à Louis-le-Grand quand j'ouvrais une boîte de foie gras maison. Mais un simple poulet grillé, des petits pois au jambon, une pipérade colorée comme un marché de Chalosse... autant de moments de perfection à la table familiale. Manger a toujours été, chez nous, une fête. L'année et la vie étaient ponctuées de festins dont le menu variait peu, ce qui rendait d'autant plus subtil le jeu des comparaisons qui monopolise la conversation des Français, et tout spécialement des Gascons, à table. Je suis resté gourmand. Mais je n'ai pas su perpétuer chez moi le rite du repas de famille. Paris, la grand-ville, a tué en moi la pratique religieuse et le goût des longues heures passées à table. Autres priorités, autre sens du temps. De toute manière, dès que mon père eut constaté, sous mon toit, l'intrusion de la boîte de conserve et du plat surgelé, c'en fut fait, à ses yeux, de ma réputation de fine fourchette. J'éprouve parfois la même colère ou la même angoisse que lui quand je vois mes enfants, pareils en cela à tous ceux de leur âge, faire la queue devant le premier MacDo venu. Je n'oublierai jamais la stupéfaction indignée de mes parents que j'y avais entraînés avec nous. Caton l'Ancien vitupérant la décadence des mœurs de la République romaine était, par comparaison, toute indulgence. Comment s'y prendre pour sauvegarder ce qui constitue, à coup sûr, l'un des aspects les plus vivants de notre patrimoine culturel ? Décréter une fête, à la manière de Jack Lang ? S'en remettre à nos grands chefs ? Chaque foyer devrait entretenir la tradition. Mais, à part les œufs brouillés, je suis nul au fourneau !

Ainsi donc le pire n'est jamais sûr. Après la volonté de créer une nation « ethniquement pure », voici la mise en place des camps de concentration. Où s'arrêtera la folie serbe ? Et, une fois encore, la démission des démocraties ? Qui a dit que l'Histoire ne repassait pas deux fois les mêmes plats ? L'Europe est frappée d'aboulie. Bush fait sa campagne présidentielle dans l'Amérique profonde. Au retour de Sarajevo, Mitterrand s'empresse de déclarer qu'il n'est naturellement pas question d'envoyer nos soldats en Bosnie pour rétablir l'ordre. Kouchner se démène comme il peut. Nos intellectuels tentent de secouer l'opinion et de nous donner mauvaise conscience. Mais au rythme où les médias consomment l'événement, il faudrait inventer un nouveau geste fort toutes les semaines. Il y a des moments où le découragement monte aussi vite que la marée dans la baie du Mont-Saint-Michel.

Ces quelques jours du mois d'août que je passe seul dans mes Landes ont un goût de veillée d'armes. Dès mon retour à Paris, ce sera la « mère des batailles ».

D'abord Maastricht.

Bataille pour l'Europe, et pour la France en Europe. Bataille aussi pour le RPR qui, une fois encore, va traverser de sérieuses turbulences. Décidément, depuis juillet 1988, rien ne m'aura été épargné : le référendum sur la Nouvelle-Calédonie qui, déjà, nous divisait ; la fronde des « rénovateurs » ; l'assaut frontal de Pasqua et de Séguin ; l'égoïsme forcené des ambitions individuelles... et maintenant ce qu'il faut bien appeler le divorce entre les chefs et la troupe du Mouvement.

Il eût été concevable que Chirac prenne la tête de la croisade anti-Mitterrand. Le discours était facile à imaginer : « Nous, gaullistes, nous avons toujours été européens ; mais l'Europe de Mitterrand n'est pas la nôtre ; nous ne cautionnerons pas une politique extérieure et une politique nationale que nous désapprouvons totalement. » J'ai moi-même interrogé JC pour connaître son sentiment profond sur une telle orientation stratégique. Il l'a résolument écartée, avec des arguments qui me sont apparus ceux d'un homme d'État. Je le dis sans flagornerie, et l'on sait qu'à l'occasion, j'ai, avec lui, la dent dure. Sa conviction, c'était que la France — et n'importe quel futur chef d'État français — ne pouvait prendre le risque de claquer la porte au nez de ses partenaires, et en particulier de l'Allemagne. Je sentais chez lui une sorte d'impossibilité mentale à s'imaginer face au chancelier ou même au Premier ministre de Sa Majesté après avoir mené une campagne victorieuse pour le non au référendum. Quand je dis « arguments d'homme d'État », c'est qu'en arrêtant ce choix, il a fait sans aucun doute passer l'intérêt général du pays avant ses intérêts particuliers de chef de l'opposition. On l'a bien vu lors de la fameuse réunion du 4 juillet au cours de laquelle j'ai, pour la première fois depuis la création du RPR en 1976, entendu des militants siffler Chirac. Peu leur importait Maastricht et l'avenir de la construction européenne. Ce qui les révulsait, c'était l'idée de dire oui à Mitterrand, quelle que soit la question posée. Quoi qu'en dise Séguin, la vraie motivation des partisans du non, dans l'opinion sinon chez les leaders, est bien celle-là.

Deuxième bataille, à engager dès le 21 septembre : celle des élections législatives de mars 1993, c'est-à-dire de l'alternance.

*Lundi 10 août*

Ce matin, je faisais tranquillement mes exercices de gymnastique, comme à l'accoutumée, dans le bas du jardin, en bordure du lac. Un groupe bruyant longeait l'eau, au ras de la clôture. J'entends des bribes de conversation... « Fausses factures »... D'un seul coup, je me mets à fantasmer. Je reconstitue la phrase supposée : « C'est la baraque de Juppé. Comme tous les autres, il a dû se la faire payer avec des fausses factures. » Mon sang ne fait qu'un tour. Je m'apprête à bondir sur le chemin, à apostropher le quidam : « Répète ce que tu viens de dire si tu es un homme... » La tension baisse aussi vite qu'elle est montée. Je me calme. Suis-je en train de devenir paranoïaque ? Mélange de narcissisme et de complexe de persécution. Ces braves touristes avaient sans doute d'autres chats à fouetter. Il n'empêche : ma réaction est significative ; je supporte de plus en plus mal cette suspicion de corruption qui pèse sur nous tous, « politiciens ». Après Léotard, Emmanuelli, voici Gaudin inculpé. Où le jeu de massacre s'arrêtera-t-il ? J'ai du mal à démêler, dans le fonctionnement de la machine judiciaire, ce qui relève de la nécessaire vertu républicaine et du règlement de compte. Ce qui est sûr, c'est que dans le contexte actuel, certaines notions sont, dans l'opinion, complètement déformées : quand on dit par exemple qu'un élu vient d'être déclaré « comptable de fait » parce qu'il préside une association qui bénéficie de subventions publiques, les Français s'imaginent que l'intéressé a mis l'argent dans sa poche. Or, avec l'interprétation tatillonne que les chambres régionales des comptes donnent désormais de cette situation administrative, nous avons tous une épée de Damoclès suspendue sur nos têtes. Comment réagirais-je en pareil cas, moi qui tiens à ma réputation d'intégrité comme à la prunelle de mes yeux ?

Sur la plage, à trois reprises, des gens m'interpellent gentiment : « Vous êtes bien Alain Juppé ? On est content de vous voir. Prenez des forces, on va avoir besoin de vous dans les mois qui viennent. » L'antidote après le poison. Pourquoi le cacher : ça fait du bien !

EuroDisneyland. *Le Monde diplomatique* (riche lecture !) y a dépêché un... ethnologue. Diagnostic : « Disneyland, c'est le monde d'aujourd'hui, dans ce qu'il a de pire et de meilleur : l'expérience du vide et de la liberté. » Moi, je veux bien. Le jugement est d'ailleurs mesuré. Mais je ne supporte pas le snobisme culturo-franchouillard. Nous avons tout fait pour attirer ce parc en Ile-de-France et éviter qu'il ne s'implante en Belgique ou en Espagne. Et maintenant, nous mégotons sur notre plaisir. L'inspection du travail explique que les méthodes de recrutement de la société ne respectent pas... les droits de l'homme les plus élémentaires. Pensez donc : on prohibe les cheveux hirsutes ou les jeans crados ! Quels réacs, ces Américains ! Résultat : il m'a semblé qu'une bonne partie du personnel venait de l'extérieur de l'Hexagone. Mais qu'importe : avec le taux de chômage qui est le nôtre, nous ne sommes pas à 12 000 emplois près ! La presse nationale se délecte des prétendus mauvais chiffres de fréquentation, des premières pertes financières, de la baisse de l'action en Bourse, de la fermeture provisoire d'un des hôtels du site, du « licenciement », à la fin de l'été, de 5 000... saisonniers. A quoi jouons-nous ? Eh bien, je ne dissimulerai pas le vrai plaisir que j'ai pris à visiter Adventureland, Fantasyland, Frontierland... C'est « joli », propre, professionnel. On en a pour son argent et pour ses rêves d'enfance. L'ethnologue du *Monde diplo.* a d'ailleurs raison : il y a beaucoup plus de visiteurs adultes que d'enfants. Ce n'est pas en se barricadant dans ses frontières et dans son mépris que la culture française relèvera le défi. C'est en étant elle aussi, et bien sûr à sa manière, à la fois créative et populaire. Molière : « La grande règle est de plaire. » EuroDisney plaît. Je n'ai encore jamais rencontré un visiteur qui n'ait pas aimé. Les chiens aboient, la caravane...

*Jeudi 13 août*

Lu quasiment d'une traite les mille pages d'*Autant en emporte le vent.* Il y a bien longtemps que je ne m'étais pas adonné ainsi au plaisir, à la drogue de la lecture. Non pas quelques pages volées chaque soir au sommeil, pour me donner bonne conscience ; mais de longues heures d'immersion, comme lorsque j'étais enfant ou adolescent. J'aimais aussi, en ce temps-là, les gros livres : *Les Trois Mousquetaires, Le Comte de Monte-Cristo...*, et, plus tard, les russes : *L'Idiot, Les Frères Karamazov, Crime et châtiment...* Comme au cinéma, j'aimais changer de vie, non pas les « tranches de vie » où l'on reconnaît gens et lieux de la vie quotidienne, mais l'évasion, la fuite vers d'autres mondes. Tout ce que je retrouve chez Margaret Mitchell. Quel livre ! D'abord l'Histoire, pour la dimension épique. Et puis, ces deux caractères qui ne m'avaient pas tant marqué quand j'allais voir le film avec ma sœur, à l'Étoile, le ciné du patronage. Je garde bien le souvenir du sourire sardonique de Clark Gable ; mais Vivian Leigh-Scarlett s'était estompée dans ma mémoire. Et pourtant ! Belle, intelligente, amoureuse, ambitieuse, dure, cynique, courageuse, violente, menteuse, hypocrite, sans scrupules, sordide, cupide, égoïste, libérée... je pourrais allonger la liste des épithètes tant le personnage est riche. Avide par-dessus tout, avide d'amour, d'argent, de vie. Le miracle, ou le génie de l'écrivain, c'est que jamais il ne tombe dans la caricature. Malgré la force, souvent l'excès des sentiments ou des comportements, Scarlett et les êtres qui l'entourent gardent une humanité, presque une proximité qui fait qu'on ne peut plus se détacher d'eux. Il est vrai que l'Histoire autorise toutes les exagérations tragiques.

Une équipe de TF 1 vient enregistrer ma réaction à l'interview que M. Mitterrand a donnée ce matin même à *Sud-Ouest* sur la Yougoslavie. En substance, le président s'en tient à sa démarche exclusivement humanitaire. « Il ne faut pas, dit-il, ajouter la guerre à la guerre. » Et comme à son habitude, il rappelle les liens traditionnels de la France et de la Serbie. Il y a des circonstances où sa « culture » historique le paralyse, obscurcit son jugement. Il avait su trouver, il y a deux ans, de mâles accents pour justifier la « logique de guerre » adoptée par les démocraties volant au secours du Koweit. Aujourd'hui, au nom d'un prétendu réalisme militaire, il ne se départit pas de ce que je qualifie de logique de compromis, voire de compromission avec le régime serbe. Je ne suis pas un va-t-en-guerre ; je mesure les risques humains et politiques d'une intervention ; sans doute est-il plus facile de la réclamer quand on est dans l'opposition que de la décider quand on est au pouvoir. Mais enfin ! Peut-on prendre pour argent comptant les affirmations des experts qui en démontrent l'impossibilité technique ? Ils nous avaient déjà fait le coup avant la guerre du Golfe. Les pays de l'OTAN ou ceux de l'UEO n'ont-ils vraiment pas les moyens de bombarder quelques objectifs militaires soigneusement choisis pour convaincre les autorités serbes de leur détermination ? Quand il a fallu calmer les ardeurs de Kadhafi, les Américains ont trouvé la force aérienne nécessaire. Non ! La vraie raison de notre passivité est politique : Bush a d'autres chats à fouetter ; nos partenaires européens sont plus forts en gueule qu'en actes ; alors nous nous rabattons sur l'« humanitaire ». Je comprends et je partage l'indignation horrifiée de ceux qui ne veulent pas fermer les yeux devant la réalité des camps, qu'ils méritent ou non le nom de concentration. Une fois suffit en un siècle. Même si M. Dumas nous traite d'irresponsables, c'est notre devoir de le dire. Pour une fois, je suis prêt à me sentir en phase avec Fabius.

*Vendredi 14 août*

Jacques Chirac a raison d'écrire, ce matin dans *Le Figaro*, que l'inertie des puissances européennes face à la guerre en Yougoslavie apporte autant d'eau au moulin des pro- que des anti-Maastricht. On peut soutenir avec la même conviction que le nouveau traité ne changera rien à la situation actuelle et qu'il ne donne aucune réponse aux vrais problèmes du continent européen ; ou bien au contraire que l'Europe manque d'une politique extérieure et de sécurité commune et que Maastricht est, de ce point de vue, un progrès. Mon intime conviction est que tout dépendra demain de la volonté politique des acteurs du jeu européen, et non pas de tel ou tel mécanisme juridique. Que le peuple français refuse la ratification du traité, et ce sera un contre-signal terrible, peut-être le début de la débandade communautaire ; qu'il le ratifie, et rien ne sera réglé pour autant ; l'essentiel restera même à faire. On voit bien la difficulté de la tâche qui nous attend dans cette campagne référendaire : prôner le oui avec ardeur parce que, à l'évidence, le succès du non aurait des conséquences néfastes ; mais le faire sans croire aux vertus d'un traité qui me paraît, plus j'y réfléchis, insuffisant et inadapté.

*Samedi 15 août*

Quarante-sept ans aujourd'hui.

J'aime fêter mon anniversaire ici, dans les Landes. Au fur et à mesure de mes voyages, j'ai trouvé bien des endroits où j'ai rêvé d'installer mes pénates. Où la mer était plus claire et plus chaude. Où le soleil était plus constant. Où, à l'heure lourde de la sieste qu'en vacances je savoure avec gourmandise, le chant des cigales couvre tout autre bruit. Où la vue porte au loin sur les îles de cette mer Méditerranée dont je me sens intellectuellement l'enfant. Mais nulle part ailleurs qu'ici, je ne suis autant moi-même, en sécurité, en harmonie avec ce qui m'entoure, sans une once d'affectation, sans le moindre souci de représentation ou de jeu, sans distance avec moi-même ni avec les autres. Bref, naturel.

Depuis combien d'années le 15 août nous réunit-il ici, autour de Maman ? Je n'ai pas le souvenir d'avoir jamais manqué le rendez-vous. L'Assomption est notre fête ; frères et sœurs, nous portons tous les quatre le prénom de Marie, comme Maman. Cette année nous ne sommes pas tout à fait au complet, mais je sais que, vers midi, le téléphone sonnera et m'apportera la voix de tous ceux que j'aime.

Au fil du temps, je vois mes parents vieillir, ma mère marcher avec de plus en plus de difficultés, mon père se voûter davantage. Les jours d'anniversaire portent trop la marque du temps pour ne pas laisser, entre deux verres de champagne, un léger goût d'amertume. Je m'efforce, chaque année, de le dissiper en affichant une bonne humeur de circonstance, parfois un peu forcée. J'y parviens de moins en moins bien. Et rien ne me serre plus la gorge que de croiser le regard mouillé de Maman (dont je connais pourtant l'aptitude à pleurer sans réelle conviction) et d'y lire : « Encore un. Peut-être le dernier passé tous ensemble. » La mauvaise conscience me tourmente. Je sais que le 15 août est aussi annonciateur de séparations prochaines.

Le moment approche où, les vacances tirant sur leur fin, je devrais « remonter » à Paris et laisser mes parents retourner seuls à Mont-de-Marsan. Maman sait remuer savamment le fer dans la plaie : « Quand reviendras-tu nous voir ? Tu nous abandonnes ! » Suis-je vraiment un fils indigne ? Je voudrais tellement faire plus. Je me sens tellement submergé, au moment du départ, par une vague de tendresse et de reconnaissance ! Je suis, il est vrai, sans illusion sur ma capacité à supporter une cohabitation durable. Car ils sont proprement insupportables. Il y a, en eux, de l'Élise et du Marcel Jouhandeau. Ils ont porté la dispute au niveau du grand art. Par moments, nous y assistons, ma sœur et moi, comme on va au théâtre. Nous savons qu'une fois la pièce dite, le calme revient. Chien et chat depuis... ? Quarante-sept ans. Avec une complicité de vieux acteurs, et surtout une profonde affection, l'impossibilité de vivre l'un sans l'autre, le dévouement mutuel sans limite lorsque la maladie frappe. Ai-je mis trop de temps à m'en apercevoir ? A-t-il fallu que le regard plus objectif de mes amis me conforte dans ce sentiment ? J'ai, en vérité, des parents exceptionnels. Le naturel absolu, l'absence totale de prétention, la simplicité, la générosité et, même chez mon père dont les dehors bourrus peuvent induire en erreur, la bonté. Chez Maman, réincarnation du pélican prêt à sacrifier ses propres entrailles pour ses enfants, une finesse, une intuition sur les choses et sur les êtres dont elle me reproche de ne pas faire assez de cas dans mes choix politiques. Il est vrai que son flair me stupéfie parfois... a posteriori ! Surtout quand il s'agit de pressentir un mauvais coup ou une trahison dont son fils peut être la victime.

Ils m'ont fait, tous deux, une enfance heureuse. J'essaie de ne pas me raconter des histoires, de ne pas enjoliver le passé. Il y eut des moments durs et même des drames domestiques qui auraient pu laisser des traumatismes. Toute vie a sa part de mystère et d'égoïsme. Mais j'ai toujours senti que leur raison d'exister, c'était nous. Et cette certitude donne aux enfants une confiance, une paix intérieure qu'aucune turbulence superficielle ne peut détruire. Ce n'était pas, néanmoins, la facilité. Maman était, avec moi, d'une intransigeance dont nos chérubins n'ont pas idée. Elle avait décidé une fois pour toutes que mes dons me faisaient obligation d'occuper la première place. Si je n'étais pas premier, ce n'est pas que je ne pouvais pas, c'est que je ne voulais pas. C'était une forme d'ingratitude à son égard, une faute, presque un péché. Et tout péché mérite punition. J'en parle aujourd'hui avec détachement. Si mon cas intéresse tel ou tel psy, il trouvera sans doute dans mes comportements d'adulte la marque de cette éducation inflexible. Je n'y pense, quant à moi, qu'avec douceur et reconnaissance. C'était comme un cadre, certes un peu rigide, mais qui permettait, finalement, de tenir debout sans angoisse. Non sans efforts. J'ai bossé. Dur et longtemps. J'étais un enfant « studieux ».

Rien ne me révolte plus que le procès en technocratie fait aux détenteurs de diplômes prestigieux. La mode, avec Bérégovoy et Tapie, est aux autodidactes. Grand bien leur fasse ; et c'est l'aspect de leur personnage que je respecte. Mais, grands dieux, pourquoi jeter l'opprobre sur les autres, sur ceux qui ont conquis de haute lutte, par leur travail et leur mérite, des titres dont, que je sache, personne ne leur a fait cadeau ! Oui, je suis fier d'être normalien et énarque. Je suis fier d'être un pur produit de la méritocratie républicaine. Mes parents ont eu, certes, les moyens de me payer de longues études... en renonçant à tel ou tel plaisir qu'ils auraient pu se faire. Mais je ne suis pas fils d'archevêque ! Mon papa n'était pas sénateur-maire et ne m'a pas chauffé la place. Le Conseil d'État, l'inspection des Finances ou la Cour des comptes étaient pour moi des entités abstraites et le père de nul de mes condisciples du lycée Victor-Duruy ne pouvait m'en expliquer, de l'intérieur, les avantages comparés. Je dis cela sans jalousie aucune et sans amertume. Au contraire, j'en tire fierté. Mais qu'on ne vienne pas me contester cette fierté !

Jérôme Clément explique, dans son livre, les raisons pour lesquelles la plupart des élèves de la promotion Charles de Gaulle, à laquelle nous appartenions tous les deux, s'étaient engagés à ne pas choisir les « grands corps » à la sortie de l'ENA, quel que fût leur rang de classement. Il s'agissait, à les en croire, de lutter contre l'élitisme de l'École et de la haute administration. Ce fut l'une de mes premières saintes colères. Quoi ! J'étais venu à l'ENA, après l'École normale et l'agrég, précisément pour entrer dans un grand corps, pour « faire ce qu'il y avait de mieux », m'avait-on dit, dans le service public. Et voilà qu'on me déniait le droit, en tout cas moral, d'aller jusqu'au bout de mon entreprise ! Je le méritais. Je n'avais de compte à rendre qu'à mes examinateurs et pas à mes camarades avec qui je concourais à armes égales. J'étais indigné, d'autant plus indigné que la quasi-totalité des auteurs de cette initiative n'avaient aucune chance, compte tenu de leur classement, d'accéder à un grand corps. Et ils le savaient ! Cette hypocrisie, cachée sous le manteau de la vertu réformatrice, m'écœurait. Le jour de l'amphi où nous devions décider de nos affectations, j'étais plein de rage. Je claironnais d'une voix provocante mon choix pour l'inspection des Finances. Je ressentais une admiration un peu mêlée de commisération pour les deux ou trois camarades qui ne s'étaient pas reniés et subissaient les conséquences de leur engagement (le major de la promotion notamment qui était à l'évidence fait pour le Conseil d'État et qui se fourvoyait dans la préfectorale). Et du mépris envers ceux qui trahissaient leur parole ou profitaient de la situation. C'est l'une des raisons (ajoutée à la pauvreté de la formation théorique) pour lesquelles je n'ai pas gardé un bon souvenir de l'ENA. Comme tout archicube qui se respecte, quand je parle de l' « École », je pense naturellement à la rue d'Ulm.

Ce respect du travail et du mérite, ce goût de la belle ouvrage, cette aversion pour la falsification, je les dois à ma mère et à la discipline de fer qu'elle m'imposa pendant mes années de lycée. Grâce lui en soit rendue. Puissé-je avoir eu le même courage et la même exigence avec mes enfants !

Le degré zéro de la politique : la réponse de Roland Dumas à l'interview — sévère — que JC donnait hier au *Figaro* sur l'attitude de la diplomatie française face au drame yougoslave, je cite : « Je n'attends pas de leçon de quelqu'un qui, quand il a fait bouger l'armée française, a fait le massacre d'Ouvéa. »

Si l'on cherchait un exemple de ce que l'esprit de polémique politicienne peut faire dire de plus bas, on l'aurait trouvé dans le propos de Dumas. Il y a le fond : je trouve que nous ne revendiquons pas assez fièrement la décision du gouvernement de Jacques Chirac (je dis « nous » parce que j'en étais) de faire libérer les gendarmes français pris en otages. Cette décision était courageuse et digne. Tout homme de cœur déplore certes les morts qu'elle a causées. Mais elle a montré aux indépendantistes que la violence n'engendrerait que l'échec. Elle n'a pas peu contribué à l'apaisement qui a ensuite permis la signature des accords Matignon, tous les protagonistes du drame le reconnaissent aujourd'hui. Mais peu importe le fond pour M. Dumas. Il faut blesser, nuire, salir, quelque gros que soit le mensonge. Pourquoi m'indigner ? Qui peut s'y tromper ? Dumas se montre sous son vrai jour, et c'est très bien ainsi.

*Mardi 18 août*

Toujours Roland Dumas, cette fois devant la commission des Affaires étrangères de l'Assemblée nationale. Le ministre s'efforce de démontrer que la France a été, depuis le début de la crise yougoslave, exemplaire sur tous les plans : diplomatique, communautaire, politique, humanitaire... Je lui dis qu'il ne m'a pas convaincu. Mitterrand et son gouvernement ont, à mon avis, commis deux fautes graves. D'abord, ils ont tardé à désigner l'agresseur, c'est-à-dire Milosevic et son équipe de communistes convertis à l'idéologie de la « purification ethnique », qui n'est pas autre chose qu'une résurgence du nazisme. La France aurait dû condamner, dès le début, avec solennité l'entreprise qui consiste à créer une « Grande Serbie » en déportant des millions de personnes. On sait pourquoi nous ne l'avons pas fait : Mitterrand s'est empêtré dans sa fidélité surannée à l'alliance franco-serbe. Deuxième faute : proclamer urbi et orbi que la France et la communauté internationale devaient s'en tenir strictement à une action humanitaire, à l'exclusion de toute menace d'intervention militaire, c'était clairement signifier à Milosevic qu'il avait les mains libres et lui dire, en substance : « Continuez votre besogne, nous nous occupons des blessés. » Il a fallu des mois avant qu'on se décide à décréter l'embargo que Jacques Chirac avait été le premier à suggérer. Il est aujourd'hui de notoriété publique que cet embargo n'est pas respecté. Sommes-nous à ce point dépourvus de courage que nous ne puissions dire à la Grèce : « Appliquez les décisions de l'ONU ou la Communauté cessera de déverser dans vos caisses l'argent des fonds structurels ? » La France aide massivement la Roumanie et pourrait lui tenir le même langage. Dumas a reconnu qu'il y avait quelque chose à faire. Le fera-t-on ? De même a-t-il reconnu qu'il ne fallait pas totalement exclure une frappe aérienne sur des objectifs militaires bien ciblés afin d'intimider les jusqu'au-boutistes serbes. Car si l'on se borne à laisser du temps au temps (les premiers mots de Dumas ont été pour nous dire que la recherche d'une solution exigeait du temps...), qui dissuadera Milosevic, une fois le cas bosniaque réglé (et il est en passe de l'être puisque le ministre nous indiquait que plus d'un million de musulmans bosniaques ont déjà été déplacés), de s'attaquer au Kosovo ? Comment les Albanais réagiront-ils alors ? Le risque d'embrasement général n'est pas tout à fait exclu. En réponse à une question pertinente de Michèle Alliot-Marie, Dumas nous a parlé de l'effervescence qui commence à se manifester dans certains pays musulmans devant le traitement infligé aux Bosniaques. Enverront-ils de l'argent... et demain peut-être des hommes ? La prudence, pour ne pas dire la passivité, de la plupart des démocraties est terrifiante quand on songe aux enjeux ! D'où, évidemment, la question des journalistes à la sortie de la commission : « Est-ce bon ou mauvais pour Maastricht ? » Jean-François Deniau, dont j'admire les comportements et respecte les opinions, fait part de ses états d'âme : « Peut-on encore préconiser le oui quand on voit l'inefficacité de la Communauté face à pareille crise ? » J'ai plutôt tendance à tirer la conclusion inverse : peut-on ajouter au drame actuel un blocage de la construction communautaire ? Ne serait-ce pas un formidable encouragement à toutes les pulsions nationalistes qui se manifestent ici ou là, et même dans les plus vieilles démocraties ?

Anecdote racontée par Dumas : à l'ouverture du dernier festival de Bayreuth, il y a quelques semaines, de jeunes Allemands brandissaient des banderoles sur lesquelles était écrit, à l'adresse des membres du gouvernement allemand : « Pourquoi avez-vous abandonné les Allemands de Pologne ? »

*Mercredi 19 août*

Obsèques d'Yvon Briant, de sa jeune femme et de son petit garçon, dans le village breton où Yvon était né. La vue du petit cercueil blanc entre les deux cercueils d'adultes noue la gorge. Les quatre frères d'Yvon sont au premier rang ; pendant toute la cérémonie, ils se tiennent par la main ; l'un d'entre eux exhorte visiblement les autres à ne pas pleurer, à ne pas craquer. J'avais pour Briant des sentiments mêlés. J'aimais son allant, sa détermination, son ambition ; c'est à mon initiative qu'il avait figuré en position éligible sur la liste RPR-UDF pour les élections européennes de 1989, et il le savait. Ses qualités avaient un revers aussi nettement marqué : la volonté d'arriver à tout prix, l'imprévisibilité, une certaine forme d'outrance. Mais chez cet homme qui venait d'un milieu très modeste et qui s'était fait lui-même, il y avait un caractère ; je comprends qu'il suscitât des fidélités à toute épreuve, comme des hostilités farouches. La brutalité, la cruauté de sa disparition m'ont, en tout cas, fait passer un vrai frisson dans le dos et dans le cœur. Avant-hier, en dépouillant mon courrier de vacances, j'ai trouvé une carte de sa main, datée du 20 juillet ; il m'y parlait de mon article dans *Le Monde* en faveur de la ratification du traité de Maastricht et me donnait rendez-vous pour la campagne du oui. Il m'avait téléphoné pour me le dire ; je ne l'avais pas rappelé.

*Jeudi 20 août*

Trouvé, ce matin, un point commun avec Philippe Séguin : je l'entends sur Europe 1, en réponse aux questions de Catherine Nay, expliquer pourquoi il raffole des *Trois Mousquetaires.* Il en parle bien. Et me donne envie de m'y replonger.

A en croire le dernier sondage, le non continue à grignoter : 47 contre 53. Jack Lang entre en campagne et annonce qu'il organise... un concert. Caricatural ! Bérégovoy, visiblement inquiet, adjure Chirac de se démener pour le oui. Pitoyable ! La plus sûre manière d'assurer le succès du oui serait sans doute que Mitterrand annonce que, dans cette hypothèse, sa tâche accomplie, il s'en va. J'ai envie de le dire à un micro...

La difficulté de notre rôle va précisément consister à plaider pour le oui sans avoir l'air de voler au secours des socialistes. Cette peste de Marie-France Garaud l'a bien compris, qui explique que l'opposition, ce sont les partisans du non ; les autres, dit-elle, sont « sur la roue de la fortune du pouvoir ». Certes... mais sans la moindre compromission avec les socialistes. J'ai bien l'intention d'en apporter la preuve. La bagarre sera assez rude pour ne pas lésiner sur les moyens.

*Lundi 24 août*

Lettre anonyme trouvée dans mon courrier au retour du week-end : une carte de « Joyeux Anniversaire », représentant un lion en majesté, assis sur un trône, sceptre en main, et ce commentaire :

ATTENTION

I) Pour une ancienne poissonnerie payée par X..., vous faites enlever le nom figurant actuellement (ndlr : le mien...) — vous laissez le sigle (idem : RPR) — vous tâchez de trouver un prétexte pour faire repeindre (vous engagez de vrais faux taggers par exemple) —

II) Ne pas acheter plus de deux tableaux à la vente aux enchères si possible...

A DÉTRUIRE APRÈS LECTURE — MERCI — SOYEZ PRUDENT

... le tout tapé à la machine et posté dans le 9$^{e}$, rue Turgot.

De quoi s'agit-il ?

I) Ma permanence du 18$^{e}$, installée dans une ancienne poissonnerie abandonnée depuis des années, rachetée par la Ville, et louée au RPR aux conditions faites, dans la capitale, à toutes les permanences d'élus, qu'ils soient RPR, UDF, PS ou PC.

II) Vente annuelle des vins de Montmartre, aux enchères et au bénéfice des œuvres sociales de l'arrondissement. Les élus, notamment Chinaud et moi, devons « animer » cette vente et enchérir plus souvent qu'à notre tour ; le commissaire-priseur, qui n'est pas assailli d'offres, ne nous laisse guère de répit. Et nous nous retrouvons chaque année avec trois ou quatre tableaux (puisque, pour mieux faire passer le vin, chaque caisse est ornée d'une production d'un peintre de Montmartre) qu'il nous faut ensuite repasser à tel ou tel généreux donateur, le maire de Paris n'étant évidemment pas oublié.

Ce qui retient mon attention dans ce billet anonyme, ce n'est pas la menace, qui est nulle, ni même le ton qu'on pourrait presque trouver amical et sincèrement bienveillant, c'est la tournure d'esprit que cela révèle, plus répandue qu'on ne croit : une fois encore, la présomption de malhonnêteté, la tendance à voir le mal partout... Sans doute n'y a-t-il, de ce point de vue, rien de nouveau sous le soleil. Peut-être est-ce moi qui suis devenu exagérément sensible à ce type de comportement... Mais, s'il y avait un jour une raison assez forte pour m'éloigner de la politique, ce serait celle-là.

La bataille de Maastricht commence à battre son plein. Il est vrai qu'il reste moins d'un mois avant le jour du vote. Hier Le Pen est entré dans la danse. Marie-France Garaud se produit partout. Pasqua doit rentrer de vacances cette semaine et on le retrouvera vite sur toutes les estrades, flanqué sans doute de Séguin et, pourquoi pas ? de Villiers. Dans le camp du oui, Lang brandit sa baguette de chef d'orchestre et son encensoir de thuriféraire. Giscard lance sa campagne le

27. Balladur décline les arguments de son récent article du *Monde.* Et Chirac sera à pied d'œuvre demain. Il faut que, la semaine prochaine, nous nous manifestions. Quand je dis « nous », je pense à ma génération. Car, même si l'argument doit être utilisé avec prudence, on ne peut pas ne pas relever que l'attitude vis-à-vis du traité de Maastricht est souvent une affaire de génération. Il suffit, pour s'en convaincre, de lire la liste des parlementaires qui ont signé le dernier recours de Pasqua au Conseil constitutionnel : leur moyenne d'âge est de soixante-sept ans ! L'essentiel, évidemment, n'est pas là. Nous devons maintenant trouver les deux ou trois arguments simples qui peuvent ébranler l'opinion publique.

Qu'est-ce qui fait mouche dans le discours des partisans du non ?

Ils jouent d'abord sur un réflexe de peur : peur de l'Allemagne, de sa puissance, de son histoire, de ses tentations permanentes ou nouvelles. L'exportation sauvage, il y a quelques jours, par les hôpitaux allemands, de leurs déchets en direction de la France, a dû faire gagner quelques points aux partisans du non. Peur de la technocratie sans visage de Bruxelles. Peur de la concurrence et du grand large. La situation de crise dans laquelle s'enfonce l'économie française aggrave cette peur. J'ai été surpris de lire, dans le dernier sondage publié par *L'Événement du jeudi,* que plus des deux tiers des patrons de PME étaient hostiles à Maastricht. Je me disais : « Comment des hommes et des femmes dont le métier consiste à aller conquérir des parts de marché partout dans le monde, et d'abord en Europe, peuvent-ils être à ce point sensibles à un discours qui, quoi qu'en disent ses auteurs, reste frileux et hexagonal ? » Et puis, à la réflexion, on comprend bien. Les PME françaises sont, depuis quelques mois, décimées par les faillites ; le marasme se transforme en dépression. D'où la tentation du repli sur soi, et plus encore l'allergie à tout ce qui vient de Mitterrand et des socialistes.

Voilà bien le second ressort de la campagne du non : l'hostilité, pour ne pas dire l'aversion envers le pouvoir en place. Je crains que cette réaction anti-Mitterrand, anti-PS, ne finisse par occulter tout le reste. Dans le camp du non, les plus politiciens l'ont bien compris : Marie-France Garaud accuse déjà les tenants du oui de se compromettre avec le pouvoir et de préparer de perfides « recompositions » du paysage politique français ; ce matin, sur RTL, Le Pen y allait plus carrément encore en annonçant l'intention du Front national d'appeler les Français, lors des prochaines élections législatives, à voter contre tous les candidats qui auront préconisé le oui, pour cause de collusion avec les socialistes — appel particulièrement vigoureux, j'imagine, chaque fois qu'il s'agira de faire échec au RPR... C'est là, en vérité, que sera la collusion : comme en 1988 et à toutes les élections qui ont suivi, notamment aux régionales, en se déchaînant contre nous, Le Pen continuera à faire le jeu de Mitterrand.

Notre riposte doit s'organiser sur ces deux plans. En premier lieu, réfuter l'affirmation de Séguin-Le Pen-Garaud, selon laquelle la ratification de Maastricht nous engage inéluctablement dans la voie du fédéralisme européen et conduit donc, à terme, à la disparition de notre identité nationale. En second lieu, montrer qu'on peut voter oui le 20 septembre sans renoncer un instant à combattre vigoureusement les socialistes et à les chasser du pouvoir en mars prochain. Balladur n'a pas eu tort de pousser plus loin le raisonnement, afin d'inquiéter la fraction la plus radicale de notre électorat : il explique que la victoire du non pourrait provoquer de telles turbulences au sein de l'opposition que les chances de succès du RPR et de l'UDF aux législatives seraient diminuées. Les menaces plus ou moins explicites de Giscard donnent du crédit à cette thèse. Séguin a bien senti le danger et a immédiatement proclamé que l'opposition sortirait au contraire renforcée d'un échec de Mitterrand au référendum. Ce qui se plaide aussi... Je me mets dans ma propre peau lorsque je vais prendre la parole, non plus devant des journalistes mais devant les militants et les électeurs, lors de mon premier meeting pour le oui. Il faut que je tienne un discours positif, pugnace et sans complexe. Surtout, ne pas donner l'impression que je cherche à me justifier.

Première raison : je vote oui parce que je crois à l'Europe. La France seule, quels que soient ses atouts et l'originalité de son message, ne peut plus jouer le rôle qui était le sien au siècle dernier. Elle doit faire partie d'un ensemble plus vaste qui, tout en respectant son identité, lui permette de peser sur le cours des événements mondiaux. C'est vrai sur le plan économique, face aux superpuissances de la zone nord-américaine et de la zone pacifique ; c'est vrai sur le plan militaire, diplomatique, démographique... De Gaulle l'avait compris et les initiatives qu'il a multipliées au cours des années 60 l'ont montré (réconciliation franco-allemande, plan Fouchet...).

Deuxième raison : dire oui à l'Europe et non à Maastricht, c'est contradictoire. Certes le traité de

Maastricht est critiquable. Nous ne l'aurions pas négocié comme Mitterrand l'a négocié. Mais si la France le rejette, il s'ensuivra une crise majeure au sein de la Communauté. Nous pouvons moins que jamais nous en payer le luxe, au moment où de vastes régions du continent européen sont en proie à la guerre ou à l'anarchie. Le gouvernement allemand et les forces politiques qui le soutiennent pourraient être déstabilisés, au profit de ceux qui rêvent d'une Grande Allemagne libre de ses mouvements. La situation est profondément différente de celle du début des années 50 : à l'époque, l'Allemagne n'avait pas le choix ; aujourd'hui, elle l'a. Ceux qui dénoncent l'Europe de Maastricht comme une Europe allemande ne nous ont toujours pas dit comment, dans leur Europe à eux, on contiendrait l'Allemagne.

Troisième raison : le traité aura une traduction concrète fort différente selon la manière dont il sera appliqué. Nous avons, nous, une vision précise de l'Europe que nous voulons. Je l'ai résumée en quelques formules : l'Union des États de l'Europe, la Grande Europe, l'Europe démocratique, l'Europe des vraies solidarités. Au moins aussi importants que le texte du traité tel qu'il est aujourd'hui, seront le gouvernement qui l'appliquera et les modifications qu'il faudra inévitablement lui apporter avec le temps. Il est donc abusif de présenter le traité comme un épouvantail, ou une mécanique irréversible qui conduira la France à disparaître. Avec Maastricht, on peut parfaitement tirer l'Europe du bon côté ; sans Maastricht, il y a blocage et risque de désagrégation. Il y aurait donc beaucoup plus d'inconvénients que d'avantages à voter non.

Quatrième raison : voter oui au référendum, ce n'est

pas se rallier à Mitterrand et aux socialistes. A qui fera-t-on croire que Jacques Chirac, Édouard Balladur, Jacques Toubon, moi-même et quelques autres avons tourné casaque ? Nous sommes plus déterminés que jamais à chasser les socialistes du pouvoir en étant le fer de lance de la campagne des législatives. N'est-il pas troublant que les plus ardents propagateurs de la thèse de la « recomposition » soient Le Pen et Garaud dont le moins qu'on puisse dire est qu'ils n'ont pas fait grand-chose, depuis dix ans, pour faire gagner l'opposition ?

*Vendredi 28 août*

Je me suis livré hier après-midi à un exercice que je devrais faire plus souvent : j'ai « visionné », comme on dit, la cassette du débat que j'ai eu mercredi soir, sur Antenne 2, avec Jean-Pierre Chevènement. Je m'étais senti mal à l'aise et, pour dire la vérité, mauvais. Les réactions que j'avais entendues autour de moi n'allaient pas en sens contraire, quelles que fussent les précautions dont elles s'entouraient. En revoyant l'émission, j'ai été un peu rasséréné : c'était « moins pire » que je ne le redoutais. Pas bon malgré tout ! D'abord sur la forme. Chevènement a une technique que je connais bien et que, pourtant, je n'ai pas su déjouer : il parle d'abondance, en enfilant des considérations très générales sur le socialisme, le libéralisme, le conservatisme, le gaullisme... et il place son interlocuteur en situation défensive ; il faut chercher à l'interrompre pour pouvoir enfin placer un mot. Cela m'a énervé, je me suis impatienté, je suis devenu désagréable et agressif, ce qui est toujours mal ressenti par les téléspectateurs. C'est un travers dans lequel je tombe souvent. M. me faisait remarquer que je semble impatient même quand je ne parle pas ; mon visage à l'écran, quand j'écoute l'autre, exprime trop souvent l'agacement, voire un peu de condescendance : « Quand va-t-il cesser de débiter ces inepties ? Bon, ça va, j'ai compris, inutile de développer, j'ai la réponse... » Mes reparties sont parfois péremptoires et un peu méprisantes. Il faut que je me tempère, que je m'arrondisse, que je me fasse de temps en temps hésitant et modeste. Mais si je commence à me surveiller, ne perdrai-je pas en naturel ? En tout cas, il faut que je prépare mieux mon « 7 sur 7 » face à Lang, qui est un adversaire coriace, à la fois incisif et mielleux. Et puis, avec Chevènement, il y avait aussi un problème de fond : mon argumentation était floue, j'étais toujours en défense et jamais en attaque. En fait, j'ai encore un peu de mal à formuler simplement et de manière convaincante les deux ou trois raisons de voter oui qui pourraient emporter la conviction de ceux qui m'écoutent. Jacques Chirac y est assez bien parvenu, hier matin, en répondant aux questions de Jean-Pierre Elkabbach. Il faut faire simple. Les partisans du non ne se privent pas de faire peur aux Français : « Maastricht, disent-ils, c'est la remise en cause de nos avantages sociaux, c'est le déclin irrémédiable de la langue française, c'est la disparition de la Nation française... » A nous de montrer que le succès du non ouvrirait une triple crise : internationale, en Europe ; économique, en France ; politique, dans l'opposition. Et ça, en plus, c'est vrai !

*Lundi 7 septembre*

Depuis quelques jours le oui remonte dans les sondages. Les prudents — ceux dont on a l'impression qu'ils iront voter oui comme des vaches vont à l'abattoir — commencent à sortir du bois. Rien n'est gagné cependant. L'opinion balance encore. J'ai pu m'en rendre compte vendredi dernier à Châlons-sur-Saône. Dominique Perben avait eu toutes les peines du monde à rassembler trois cents militants et sympathisants, alors que sa popularité et son sens de l'organisation garantissent en général à tous les orateurs qu'il invite un auditoire minimum de cinq cents à mille personnes. La grande majorité de l'assistance était visiblement favorable au non. Mais ils m'ont écouté sans aucune agressivité, avec curiosité et tolérance. Les questions étaient sérieuses. Je me suis senti à l'aise et j'ai fait de la pédagogie. A la sortie, Perben m'a confié : « Certains commencent à se demander ce qu'il faut voter. » En l'espèce le doute est un pas dans la bonne direction.

Je commence à angoisser en pensant à l'émission de dimanche prochain. J'ai regardé hier le premier « 7 sur 7 » à trois voix : Simone Veil, Jean-Pierre Chevènement et Charles Pasqua. Le débat m'a semblé assez brouillon. Je me demande si la bonne technique n'est pas d'ignorer les autres participants et d'exprimer quoi qu'il arrive ce qu'on a à dire. Encore que Simone Veil m'a paru meilleure que d'habitude dans ses réponses à Pasqua et Chevènement. La volonté de convaincre la poussait à mettre de l'ordre dans ses idées et à ramasser ses démonstrations.

Dimanche prochain, nouvelle « triangulaire ». Exit mon face-à-face avec Lang. Anne Sinclair a été contrainte par le CSA à respecter strictement la répartition des temps de parole entre les oui et les non. Hier soir, un oui (S. Veil), deux non (Chevènement-Pasqua). Dimanche prochain : un non (Philippe de Villiers), deux oui (Lang et moi). Rude exercice en perspective...

*Mercredi 9 septembre*

La campagne va se durcir dans les derniers jours. J'entends ce matin, à la radio, quelques extraits du discours qu'a prononcé Pasqua hier soir à Levallois. L'argumentation se concentre, j'allais dire « s'épure », en un seul slogan : « Dire oui à Maastricht le 20 septembre, ce sera aussi dire oui à Mitterrand. » Ça fait mal ! Pourrons-nous convaincre les opposants les plus farouches que le oui à Maastricht sera aussi un oui à Chirac puisque Chirac préconise le oui ? Je m'y suis essayé hier au gymnase Ronsard, dans le 18e arrondissement, en compagnie de Roger Chinaud et de Françoise de Panafieu. Les fidèles étaient venus, un peu moins nombreux que d'habitude. Je les sentais tiraillés : ils ont envie de me faire plaisir et de suivre mes conseils ; mais leur pente naturelle, leur réflexe conditionné est de dire non à Mitterrand. Cruel dilemme. Fallait-il faire peser cette responsabilité sur leurs épaules ? Je suis sincère quand je dis dans mes discours qu'on ne peut à la fois se prétendre démocrate et soutenir que les grands problèmes sont trop complexes pour être soumis à l'arbitrage direct du peuple. Après tout, quand de Gaulle a organisé le référendum sur la constitution de la V^e^ République, il s'agissait aussi d'un texte difficile, et combien d'électeurs l'avaient-ils lu de bout en bout ? Je crois que le peuple a assez de bon sens et de discernement pour séparer l'essentiel de l'accessoire et sentir finalement quel est le véritable enjeu. On le voit bien avec Maastricht : tout revient à deux questions simples que va se poser au dernier moment chaque électeur :

— Puis-je voter oui à l'Europe sans donner pour autant un blanc-seing à Mitterrand et aux socialistes ?

— Quel est le risque qu'il est le plus raisonnable de prendre : avancer dans la direction d'une Europe plus solidaire, même si cela rogne un peu notre liberté d'action ? ou bien donner un bon avertissement aux technocrates bruxellois, au risque de provoquer une crise de confiance en Europe, notamment dans les relations franco-allemandes ?

Et ce sont finalement les deux questions essentielles. A nous de trouver les mots et les raisons qui feront pencher la balance du bon côté.

Le *Journal du non* que diffuse une officine pasquaienne m'épingle en citant des propos hostiles au traité que j'aurais tenus il y a quelques mois. J'admire les responsables politiques qui affirment avec une mâle assurance : « Depuis le début, je pense que... » J'ai vu, dans cette affaire, tout le monde changer d'avis au fil du temps. Et, dans ce journal, je n'ai pas fait mystère de mes propres perplexités. Mais il paraît qu'en politique, trop d'honnêteté intellectuelle nuit. Chacun devrait pourtant faire l'effort de se relire. Beaucoup seraient incités à plus de modestie...

*Mercredi 16 septembre*

L'épreuve est passée ! J'ai vécu sur des charbons pendant toute la semaine qui a précédé ce « 7 sur 7 ». J'avais aménagé mon emploi du temps pour préserver quelques heures de réflexion et de repos. Du moins le croyais-je ! La journée de samedi n'a pas répondu à mes espérances... Le déjeuner offert par Jacques et Bernadette Chirac pour le mariage de leur fille Claude et de Philippe Habert — déjeuner au demeurant simple et joyeux — s'est prolongé jusqu'à 4 heures. Incapable, comme à mon habitude de résister à la tentation, j'ai mangé et bu plus que de raison. De retour chez moi, j'ai sombré dans le sommeil d'une sieste réparatrice. A 18 heures, j'étais de retour à l'Hôtel de Ville, pour la réunion que JC avait organisée dans son bureau avec Balladur et moi. Nous avons gambergé pendant une heure sur les conséquences du référendum dans les deux hypothèses : succès du oui, succès du non. 20 heures, direction la Cigale, où j'avais promis d'emmener mes nièces de passage à Paris voir *Mortadela*, une revue argentine mise en scène par Alfredo Arias. Au début je me suis demandé si je ne les avais pas entraînées dans un traquenard. Puis les trouvailles loufoques d'Arias ont fini par nous émouvoir et nous amuser. Les voix des trois chanteuses argentines me prenaient au ventre. A 23 heures, il a fallu dîner. J'étais encore sous le coup de mon repas de mariage ! Je rêvais d'un yaourt maigre et d'un verre de Badoit. Las ! J'avais promis à F. de l'amener chez Goldenberg. Joe était là ; avec sa gentillesse habituelle, il a fait apporter la charcuterie maison, du saumon fumé, des galettes de pomme de terre, de la vodka... L'appétit m'est revenu en mangeant. A 1 heure, en me couchant, j'étais terrorisé. Je n'avais pas travaillé mes dossiers, j'étais menacé d'une bonne gueule de bois au réveil...

Heureusement, la journée de dimanche a été plus sage : grasse matinée, footing tranquille au parc de Saint-Cloud, déjeuner léger, petite sieste... A 3 heures, j'étais à ma table de travail. J'ai potassé mes dossiers, et rodé mes arguments en rédigeant une dizaine de fiches synthétiques sur les grandes questions qu'Anne Sinclair avait évoquées lors de notre entretien de jeudi dernier : « Peut-on à la fois dire oui à l'Europe et non à Maastricht ? Dire oui à Maastricht, est-ce dire oui à Mitterrand ? » Et ainsi de suite.

Deux heures avant l'émission, coup de téléphone de Jack Lang, visiblement inquiet de la tournure que peuvent prendre les événements ; j'ai l'impression que Philippe de Villiers lui fait peur ; j'alimente ses craintes en lui disant que je n'ai pas du tout l'intention de « jouer consensuel » avec lui.

Je m'habille tout en bleu : chemise, cravate, veste. Quand j'ai ma mine de papier mâché, le bleu atténue les dégâts. Le trac qui ne m'a pas quitté depuis plusieurs jours s'évanouit tout d'un coup quand je m'assois en plateau. Les yeux d'Anne Sinclair auraient-ils sur moi un effet magique ? J'ai instantanément envie de plaire, et mon impulsivité, pour ne pas dire mon agressivité, se calme.

A la première coupure de publicité, D. vient me dire

dans le creux de l'oreille : « Vous êtes excellent, ne montrez pas trop que Philippe de Villiers vous tape sur les nerfs. » Il faut dire que Lang est verbeux et tout simplement médiocre. A Villiers qui fait un tableau alarmiste de l'insécurité que le traité ne manquera pas, selon lui, d'aggraver en France et en Europe, il répond : « Mais lisez donc le traité ! Qu'y voit-on dès la première page : Sa Majesté le roi des Belges, Sa Majesté la reine d'Angleterre... Peut-on imaginer que de tels personnages aient apposé leurs signatures au bas d'un texte qui menacerait la sécurité de leurs sujets ! » Le tout dit sur le ton ampoulé qu'il prend souvent. Devant l'imbécillité de l'argument, je manque pouffer de rire...

Après la tension nerveuse, viennent l'excitation joyeuse... et la faim que je vais apaiser chez l'Ami Louis. Sublimes cèpes de Corrèze cuits au four.

*Mardi 22 septembre*

La messe est dite. Le oui l'a emporté de justesse. Ouf ! Quelle semaine ! Mon « 7 sur 7 » m'a valu un flot d'éloges. Pourquoi le cacher ? J'ai savouré avec gourmandise les épithètes : « excellent, éblouissant, et même beau »... Mon ego est en pleine turgescence. Dans cette vie de fou où je reçois tant de coups, la drogue de la flatterie est indispensable.

Certains messages me touchent plus que d'autres. D'un camarade de l'Inspection : « Sans Chirac le oui ne passait pas. Et je comprends que sans toi... Merci pour l'Histoire. » Bigre ! Ou encore, celui du président d'une grande entreprise nationalisée : « Avant, je ne vous connaissais guère politiquement. Aujourd'hui, j'ai confiance en votre authenticité. » Il y a aussi les lettres d'injure : « Bravo ! Vous êtes un excellent socialiste, vous avez parfaitement bien servi la soupe à Jack Lang ! Et vous faites bien reluire Pétain-Mitterrand aussi ! Je suis militant au RPR depuis douze ans, depuis que je vote en fait. Et je vais rester au RPR. C'est vous qui allez vous barrer, monsieur le collabo... Pasqua a raison, vous n'êtes pas une tête d'œuf mais un œuf couvé. » Mon sang ne fait qu'un tour et je réponds : « En vous lisant, je me suis dit : plus con que ce type, tu meurs. Votre lettre sue la haine et l'imbécillité. » A quoi bon ! Chirac me dit souvent que j'ai encore l'épiderme trop sensible.

Finalement, ce qui m'a le plus ému, c'est le dessin en forme de podium olympique que mon fils Laurent a glissé sous ma porte le soir même de l'émission :

Tout bien pesé, les Français ont voté avec une grande sagesse. 51 % pour le oui : l'honneur européen de la France est sauvé. 49 % pour le non : à Bruxelles on sera obligé d'en tenir compte, et à Paris les socialistes ne peuvent pas pavoiser. Lorsque Fabius a déclaré à TF1, vers 21 heures dimanche soir : « C'est une victoire pour François Mitterrand », tout le monde lui est tombé dessus, y compris Simone Veil.

*Mercredi 23 septembre*

JC m'a appelé, hier soir vers 22 heures, pour m'apprendre la mauvaise nouvelle : à l'issue de la réunion à laquelle ils avaient convié les parlementaires favorables au non, Pasqua et Séguin ont fait tomber un communiqué annonçant qu'ils boycotteraient le conseil national du RPR prévu aujourd'hui. Motifs : « séance inutile, ordre du jour irréel », puisque la légitimité de JC n'est pas en cause. Ma première réaction est tout à fait guerrière : c'est un défi et l'amorce de la sécession. Il faut y répondre en mettant le marché en mains à nos cadres et à nos élus : eux ou nous. Lundi soir, en présence de Pons et de moi-même, Pasqua donnait à JC l'assurance qu'il viendrait et qu'il prendrait la parole. Il semble que ce soit Séguin qui ait durci leur position. On nous rapporte que la cible de toutes les attaques a été Balladur. Mais c'est évidemment la même entreprise de contestation de JC qui reprend. Il faut se battre. Je téléphone à Romani pour mettre en place dès ce matin une petite « task force » de députés. A nos téléphones pour convaincre cadres et parlementaires d'être avec nous ce soir ! Tout va se jouer sur notre capacité à remplir la salle.

J'entends sur les radios la première réaction de JC. Très modéré, il se dit « étonné de ce refus de dialogue ». Il a raison. Il faut jouer « soft » en apparence, mais se montrer intraitable sur le fond. Quant à moi, j'en ai marre de jouer les conciliateurs. Depuis près de cinq ans, ce sont toujours les mêmes qui m'ont mis des bâtons dans les roues. Maintenant, il faut que ça passe ou que ça casse.

Au fur et à mesure que la journée avance, les témoignages de fidélité et de soutien affluent au secrétariat de JC et au mien. Je préside, comme si de rien n'était, la commission d'investiture pour les législatives prévue au siège du Mouvement. Puis vers

17 heures, je passe chez moi prendre une douche. J'ai le trac. Sur le chemin du Méridien-Maillot où doit se tenir notre conseil national, je tombe dans d'inextricables embouteillages. Le président du Kazakhstan est en visite officielle à Paris. De ma voiture j'appelle JC qui, dans la sienne, vit les mêmes tourments que moi. Nous serons en retard ! A deux ou trois reprises, nous nous tenons informés de notre lente progression sur les Champs-Élysées.

En descendant l'escalier qui mène au sous-sol du Méridien où l'on nous attend, je comprends que la partie est gagnée. Il y a du monde. Il y a même plus de monde qu'il n'y en a jamais eu dans un conseil national convoqué avec un si faible préavis.

JC s'installe seul sur la tribune. Le ton est donné. Dans un discours bref et direct, il montre l'enjeu : « C'est une question de confiance entre vous et moi. » La salle qui l'a ovationnée dès son entrée en scène réagit bien. Comment va tourner le débat ? Y aura-t-il beaucoup de récriminations contre la « rue de Lille » et ses-apparatchiks-dénués-de-toute-fibre-populaire ? Claude Barate, député des Pyrénées-Orientales, fait une première intervention pleine de mesure et d'habileté. J'incite JC à donner ensuite la parole à un grognard. Le sort tombe sur Robert-André Vivien qui fait acte d'allégeance en bougonnant. Puis Pierre Mazeaud monte à la tribune. Avec lui tout est possible, y compris le coup de gueule violent. Il est très bon. Sobre, mais dans ce registre affectif qu'adorent les gaullistes, surtout les vieux briscards. Il affirme que je ne suis pas en cause, qu'on m'aime et qu'on me suit. Applaudissements. Cette fois, c'est gagné pour de bon. Je fais signe à JC que je veux parler maintenant. Je joue la carte de la franchise, parfois brutale. Je revendique le droit de m'être exprimé comme les autres, dès lors que je n'ai exercé nulle pression sur quiconque. Et dans un élan d'immodestie j'ajoute : « Quand j'ai défendu mon point de vue à la télé, je l'ai fait sans laisser planer aucune équivoque sur mon "positionnement" politique, et je n'ai pas le sentiment d'avoir dévalorisé l'image du RPR. » La salle approuve.

Je quitte le conseil pour un duplex avec Pasqua qui est sur le plateau du journal de 20 heures de France 2. Il n'est pas à l'aise. On voit qu'il a conscience d'avoir commis une erreur tactique. S'il était venu, Chirac aurait fait le même score (95 % des suffrages exprimés, 73 % des inscrits), mais Pasqua et Séguin auraient, comme d'habitude, gagné à l'applaudimètre. Il veut avoir le dernier mot et quand j'évoque les nécessaires infléchissements de la politique européenne, il ajoute : « Rien de tout cela ne serait possible si le non n'avait pas fait 49 %. » Je reprends la parole : « Et la France ne serait pas en position de force pour l'obtenir si le oui ne l'avait pas emporté avec 51 %. » Les fleurets sont à peine mouchetés.

*Jeudi 24 septembre*

Rue de Lille, on décompresse. Je félicite mon équipe. JC me félicite...

Pourtant, rien n'est vraiment réglé. Que veulent réellement Pasqua et Séguin ? Le savent-ils eux-mêmes ? Osent-ils s'avouer toutes leurs pensées et arrière-pensées ? Je ne comprends plus rien au comportement de Pasqua s'il n'y a pas, quelque part dans sa tête, l'idée qu'il ferait un meilleur candidat à la présidence de la République que JC. Quant à Séguin, il a davantage de temps devant lui. Il sait que, si JC échoue la prochaine fois, il faudra que quelqu'un relève le flambeau. Il pense que son combat contre Maastricht lui a donné, parmi les militants gaullistes, un supplément de légitimité. En tout cas, il continue à se conduire comme si j'étais le principal obstacle sur sa route et qu'il fallait me détruire à tout prix.

Que de mauvais coups n'a-t-il pas montés contre moi depuis quatre ans ! Dès août 1988, il interdit à ses amis d'accepter les postes que je leur proposai dans mon équipe. Puis, il milita pour le oui au référendum que Michel Rocard organisa en septembre sur l'avenir de la Nouvelle-Calédonie et quand nous eûmes décidé tous ensemble de nous abstenir, il s'empressa de participer ostensiblement au vote dans sa bonne ville d'Épinal. Il fut ensuite, quelque temps, compagnon de route des rénovateurs qui prétendaient tordre le cou aux partis et à leurs chefs. Début 90, ce fut son offensive conjointe avec Pasqua contre la direction du RPR... J'en passe et des meilleures. Je n'ai jamais pu engager un vrai dialogue avec lui. J'ai fait des efforts. Il les a tous découragés. Je n'ai plus qu'une certitude : il suffit que je dise blanc pour qu'il dise noir.

*Lundi 28 septembre*

Il y avait foule hier soir au Sénat Visiblement les résultats du renouvellement du tiers de la haute Assemblée, comme on dit au palais du Luxembourg, passionnaient moins l'assistance que les candidatures à la présidence. Poher, fatigué, va se coucher tôt. « Pasqua sera-t-il candidat ? » J'élude la question. J'ai la ferme intention de ne pas m'en mêler.

JC, Pasqua, Séguin et moi nous retrouvons quelques instants seuls dans le bureau du président du groupe RPR. C'est le scoop de la soirée. Pasqua est cordial, comme à l'habitude. Séguin, fermé. Nous nous bornons à quelques considérations anodines sur la qualité du buffet et le moelleux des blinis.

Le débat sur la cohabitation est relancé. Les propos de JC à TF1 jeudi dernier ont été déformés. Il a souhaité le départ de Mitterrand en cas de victoire de l'opposition lors des prochaines élections législatives ; mais il n'a évidemment pas annoncé que nous ferions la grève du gouvernement si le président se cramponnait. Tout le monde politique s'agite. Longuet s'insurge contre l'idée d'un coup de force institutionnel. Comme si c'était le débat ! Séguin prend naturellement le contre-pied de JC. Je n'ai pas vu Balladur qui était l'invité de « 7 sur 7 » hier soir, mais JC m'a dit qu'il ferait de « bonnes déclarations ». Giscard doit fulminer. Je pense quant à moi qu'il faut rester sur la ligne Chirac. Pour des raisons tactiques d'abord : notre électorat attend de nous un discours plus dur, qui coupe l'herbe sous les pieds de Pasqua-Séguin. Pour des raisons de fond aussi : nous hériterons, au mois de mars prochain, d'une situation difficile ; le redressement prendra du temps et exigera des mesures impopulaires qui rejailliront sur le gouvernement et ceux qui le soutiendront. S'il faut en plus guerroyer avec un président hostile... Je crains que, les mêmes causes produisant les mêmes effets, nous n'abordions l'élection présidentielle en position de faiblesse. Je vais donc répéter que la morale et la logique plaident pour le départ de Mitterrand. J'hypothèque ainsi ma participation à la future équipe gouvernementale. Mais la fringale ministérielle de certains est si impudique que mon vieil esprit de contradiction m'encourage à jeter le trouble dans les plans de carrière trop joliment dessinés.

*Mardi 29 septembre*

La grande salle du Châtelet devient obscure. Les derniers raclements de gorge se taisent. Semyon Bychkov lève sa baguette. Une fois encore la magie opère : la musique efface tout ce qui n'est pas la musique. Pasqua-Séguin enfuis, la cohabitation oubliée, les joies et les peines du quotidien éteintes au fur et à mesure que déclinent les lumières du grand lustre. Je ne connaissais pas *Eugène Onéguine*, hormis quelques morceaux de bravoure. Je suis séduit, ému par cette belle histoire d'amour. La mise en scène est sobre, les décors et costumes dans une douce harmonie de blanc, beige, brun. Les éclairages sont savants : le plein soleil, impression de chaleur écrasante ; le clair de lune, rafraîchissant ; l'aube brumeuse qui précède le duel. Dans les premiers moments, les voix me paraissent un peu faibles. Erreur. Elles prennent peu à peu de la couleur et de la profondeur. Admirable basse d'Alexander Anisimov en prince Grémine. Puissance de Neil Shicoff en Lenski qui me tire presque des larmes quand il évoque « les heures dorées de sa jeunesse » peu de temps avant de mourir sous les balles de son ami Onéguine. Nuccia Focile-Tatiana est belle, jeune, passionnée, étonnamment vivante. Toubon, assis derrière moi, me susurre que nous l'avions déjà ovationnée dans *Le Bal masqué* où elle chantait le rôle d'Oscar, à la Bastille. Quel bonheur de les voir tous main dans la main au moment des derniers rappels. Le Châtelet est vraiment devenu une grande scène lyrique.

Il n'est que 23 heures quand nous quittons le théâtre. Je peux assouvir l'envie de choucroute qui m'a torturé pendant le spectacle. Honte sur moi !

*Jeudi 1er octobre*

Je déjeune tête à tête avec B., quatre-vingt-neuf ans. Hier, en écoutant les ratiocinations d'un sénateur octogénaire, je pensais au mot qu'on prête au général de Gaulle : « La vieillesse est un naufrage. » Aujourd'hui, je suis surpris par la dignité et la lucidité de B. Il me fait un vibrant éloge de la foi. Dans ce qu'il me dit, je retiens deux belles phrases : « Quand on prend l'habitude de ne pas écouter sa conscience, elle finit par ne plus rien vous dire. » Et : « En fin de compte, l'égoïsme n'est pas un bon calcul. »

J'ai répondu à l'invitation que Sapin et Charasse ont lancée à tous les anciens ministres des Finances ou du Budget à l'occasion d'une exposition consacrée aux titulaires du poste depuis 1870. Nous avons été 88. En longévité, j'occupe la 24e place, avec 784 jours. Recordman : Giscard avec 3 058 jours. Passage le plus court : Christian Pineau, 7 jours.

Ai-je eu raison d'aller à Bercy pour la circonstance ? Nous ne sommes pas nombreux. Outre Bérégovoy et les actuels occupants, je n'entrevois que... Christian

Pineau et Maurice Couve de Murville. Les photographes nous mitraillent quand, par les hasards de la visite, je me trouve côte à côte avec Charasse. Je ne regrette pourtant pas d'être venu. J'aime cette maison. Pas tant ses nouveaux murs où je n'ai pas travaillé que ses fonctionnaires dont quelques-uns me demandent de dédicacer le catalogue de l'exposition, et cette ambiance indéfinissable faite à la fois de sérieux, d'un peu de morgue, c'est vrai, ou plus exactement de ce sentiment légitime d'importance que donne le vrai pouvoir. C'est devenu une banalité, et pourtant il faut le répéter : les « finances » sont bien la colonne vertébrale de l'administration et même de l'État. J'ai été heureux pendant les deux années que j'ai passées rue de Rivoli. Je me sentais dans mon élément. Ai-je été prisonnier de cette technocratie que je connaissais trop bien pour ne pas en respecter les conventions et les codes ? Peut-être. Je pense néanmoins que nous avons fait du bon travail. Nous avons amorcé une vraie réforme de notre fiscalité. J'aurais aimé avoir plus de temps pour agir sur l'organisation elle-même. Il y avait bien des choses à moderniser aux impôts ou aux douanes. Comme le rappelait Bérégovoy ce soir dans son petit discours : « Les ministres passent, les directeurs restent... »

*Lundi 5 octobre*

Je réagis ce matin, sur RMC, aux propos que Bérégovoy a tenus hier soir à « 7 sur 7 ». Notamment à ce qu'il a dit sur la durée du mandat présidentiel. On peut discuter à l'infini de la solution la plus démocratique, la plus efficace, la plus cohérente avec l'esprit général de la constitution de 1958. Le choix de Bérégovoy pour le septennat non renouvelable me paraît cumuler les inconvénients : un temps trop long sans « vérification de légitimité », et, paradoxalement, au bout de la cinquième année, une sorte de mise entre parenthèses d'un président dont on saura qu'il n'est plus dans la course. J'ajoute, sur le mode (à peine) ironique que je ne me rallierais à cette formule que si elle était rétroactive, c'est-à-dire si elle interdisait à toute personnalité ayant déjà effectué un septennat d'être à nouveau candidate. On peut toujours s'amuser... En tout cas, et j'insiste sur ce point, dans l'état où est la France aujourd'hui, engager une nouvelle réforme de la constitution serait intempestif. On ne pourrait qu'y voir une nouvelle manœuvre de division de M. Mitterrand et nous devrions nous y opposer de toutes nos forces, quelle que soit la voie choisie, référendaire ou parlementaire.

J'ai le souci d'écarter une nouvelle occasion d'affrontements internes au RPR. Car le débat sur le septennat est toujours passionné au sein du Mouvement. Depuis des mois, j'ai écouté les arguments des uns et des autres. Je suis peu à peu devenu un partisan résolu du quinquennat renouvelable une fois. Mais les tenants du statu quo restent nombreux et influents. Quels sont leurs arguments ?

Leur première objection à tout changement (la moins percutante à mon avis), c'est la multiplication des échéances électorales qu'entraînerait le quinquennat. L'un des grands mérites d'une telle réforme serait au contraire, à mes yeux, de permettre la coïncidence entre les élections présidentielles et les élections législatives. Sinon à tout coup, du moins le plus souvent.

Deuxième argument : c'est le septennat qui, par sa durée même, assure la prééminence du président de la République si chère au cœur des constituants de 58. Pour ma part, je n'en crois rien. Cette prééminence repose à l'évidence sur l'élection au suffrage universel direct décidée en 1962 et sur rien d'autre. On voit bien, avec la fin du règne de François Mitterrand, que la succession de deux septennats n'évite pas l'usure du pouvoir présidentiel, bien au contraire. La thèse de Bérégovoy et de quelques autres — un septennat non renouvelable — tiendrait sur ce point mieux la route que le statu quo.

Troisième argument, passablement contradictoire avec le précédent : le quinquennat conduirait inéluctablement à la transformation de notre constitution en régime présidentiel. J'ai déjà dit pourquoi cette analyse me paraissait contestable. L'instauration en France d'un régime présidentiel, au vrai sens du terme, ne me semble ni inéluctable ni surtout souhaitable. Le maintien des soupapes de sécurité que constituent la motion de censure et le droit de dissolution est indispensable. Comment sortirions-nous sans cela d'un blocage toujours possible entre l'exécutif et le législatif ? Nous n'avons pas la tradition du compromis qui a nourri des décennies de vie politique aux États-Unis. La spécificité de la constitution de la V$^{e}$ République, mi-parlementaire mi présidentielle, peut et doit être maintenue, même en cas de raccourcissement du mandat présidentiel.

Au total les avantages du quinquennat renouvelable une fois me paraissent l'emporter sur ses inconvénients : ce mandat permet au président de se ressourcer dans la légitimité populaire plus souvent que le septennat ; un bon président aura devant lui dix années de pouvoir, ce qui, dans les sociétés où nous vivons, est un bail suffisant pour accomplir une œuvre marquante. Rappelons-nous que le général de Gaulle lui-même n'a pas disposé de plus de temps.

*Mardi 6 octobre*

Ma réunion de quartier chez Gisèle G. a été, hier soir, particulièrement éprouvante. J'avais devant moi un groupe d'habitants du secteur de la porte de Clignancourt déchaînés contre l'insécurité grandissante, la généralisation du trafic de drogue, la prolifération des prostituées, bref la dégradation de leurs conditions de vie. Il est vrai que j'ai du mal à faire bouger les choses dans ce quartier ; le plan d'aménagement de la porte de Clignancourt que nous avons mis au point avec la RATP et les services de la voirie de la Ville ne résoudra rien. J'ai beau plaider que c'est d'abord la police et donc le gouvernement qui sont en cause : je sens que l'exaspération est trop forte pour laisser le moindre champ à la patience.

Les questions d'immigration viennent évidemment sur le tapis. Pour répondre, je m'appuie sur un article que je viens de lire dans *Le Monde.* Il est signé par Jean-Claude Barreau, ex-président de l'Office des migrations internationales, viré après la publication d'un livre controversé, *De l'Islam en général et du monde moderne en particulier.* Je le cite :

« Sans une politique claire et énergique des flux migratoires, l'intégration est vouée à l'échec. C'est le tonneau des Danaïdes : les immigrés intégrés — à

Montfermeil, à Mantes-la-Jolie ou ailleurs — sont aussitôt remplacés par de nouveaux arrivants. (...) L'effet dissuasif est capital. Pour ne pas subir un afflux d'immigrés, il faut clairement faire savoir que les irréguliers seront expulsés. Et il faut les expulser. Or on ne le fait pas. Cela se sait, à des milliers de kilomètres d'ici, car il existe une sorte de téléphone planétaire qui fonctionne très bien. De Ceylan aux Galapagos, la France a la réputation d'être le pays du monde duquel on ne risque jamais d'être expulsé. »

Je suis sidéré de lire cela sous la plume d'un homme qui a été deux ans, de 1985 à 1986, chargé de mission à la présidence de la République, c'est-à-dire l'un des proches collaborateurs de M. Mitterrand. Je pourrais citer l'article entier. Je n'ai pas grand-chose à y changer. J'y retrouve la plupart des idées que je ne cesse de défendre depuis des années. Y aurait-il enfin en France un consensus possible sur un sujet aussi explosif entre des hommes qui savent de quoi ils parlent ? Barreau s'est frotté à la réalité notamment lorsqu'il a dirigé l'OMI. J'ai fait mon apprentissage dans le 18e arrondissement, quand je me suis présenté aux élections municipales de 1983. Tout d'un coup, Barbès, la Goutte d'Or... n'étaient plus simplement pour moi des mots chargés de symbole, mais une réalité humaine, parfois truculente et cocasse, souvent conflictuelle et douloureuse. Je voyais des petits commerçants perdre peu à peu leur clientèle au profit de la nouvelle boucherie musulmane du coin de la rue. Je rencontrais des retraités qui avaient économisé sou par sou durant toute leur vie active de quoi financer l'achat d'un modeste trois pièces rue Myrha ou rue des Poissonniers ; abasourdis par leur nouvel environnement, souvent fait de bruit, de drogue et de fureur, ils se sentaient piégés dans un logement devenu invivable et invendable. Que pouvais-je leur répondre quand ils venaient à ma permanence me demander de l'aide ?

Par la force des choses, j'ai fait du contrôle de l'immigration (et de la lutte contre l'insécurité et le trafic de drogue, deux fléaux qui malheureusement vont souvent de pair avec l'immigration irrégulière) l'un des thèmes forts de ma campagne. J'ai alors découvert ce qui, près de dix ans plus tard, continue à me stupéfier : le refus opiniâtre des socialistes de regarder cette réalité en face. Lionel Jospin, député sortant du 18ᵉ, conduisait la liste d'union de la gauche à laquelle je tentais de reprendre la mairie d'arrondissement. Il s'empressa de me couvrir d'opprobre. J'étais, à l'en croire, l'affreux réactionnaire qui exploitait le « sentiment d'insécurité » de ses concitoyens... comme si les vols à la tire, les cambriolages ou les petites agressions en tous genres qui étaient monnaie courante dans le quartier relevaient du domaine du sentiment ! Je faisais une propagande « sécuritaire » (sic !), je jouais avec les vieux démons du racisme, je réveillais les instincts les plus bas de la nature humaine, etc. Je rétorquais : « Qui veut faire l'ange fait la bête. » Rien à faire : pour Jospin et ses colistiers, le sujet était tabou et devait le rester. Avec de bons sentiments, le pouvoir socialiste se faisait fort de rendre les Français indéfiniment accueillants. Il a fallu attendre 1988 ou 1989 pour que Michel Rocard finisse par admettre que « la France ne peut s'ouvrir à toute la misère du monde ».

Dans ce débat qui me passionnait, il y avait une seule chose qui me faisait parfois perdre mon sang-froid : le procès en racisme. L'une des raisons qui m'ont fait m'engager en politique du côté que l'on sait, c'est la prétention de la gauche à incarner la morale, les grands et bons sentiments. Je ne supporte pas cette façon de s'arroger le « monopole du cœur » et de la vertu. Je connais autant de racistes dans le « peuple de gauche » qu'ailleurs. Et je compte parmi mes amis politiques autant d'hommes et de femmes intransigeants sur le respect dû à tout être humain, quelle que soit la couleur de sa peau, qu'il y en a assurément dans le camp « d'en face ». Il faut une fois pour toutes cesser de culpabiliser ceux qui, de bonne foi, veulent réfléchir au problème de l'immigration et ne pas instruire d'emblée contre eux un procès en sorcellerie. J'irai même jusqu'à dire que l'aveuglement des professionnels de la « pétition humanitaire » aboutit souvent à des résultats très éloignés de l'objectif recherché. Mais enfin les choses bougent... J'espère que Barreau ne sera pas excommunié !

*Jeudi 8 octobre*

Déplacement dans le Gers. C'est ma première « sortie » depuis le référendum. C'est aussi le lancement de la précampagne des élections législatives. Cinq mois à peine nous séparent du scrutin ! Les journalistes sont nombreux à m'accompagner. Les trois chaînes de télévision ont envoyé une équipe.

Je commence par une réunion de responsables économiques au siège de la chambre d'agriculture. Les mêmes questions reviennent sans cesse, lancinantes : « Que ferez-vous, quand vous serez revenus au pouvoir, pour sauver l'agriculture française ? » C'est dans le département du Gers qu'est née la « coordination rurale », qui mène la vie dure au gouvernement mais aussi aux organisations professionnelles classiques. J'affirme avec vigueur que nous remettrons à plat la réforme de la Politique agricole commune (PAC) récemment adoptée par les Douze et surtout que nous prendrons des mesures nationales ambitieuses pour alléger les charges qui pèsent sur les exploitations agricoles, développer de nouveaux débouchés non alimentaires, favoriser la « pluri-activité »... Je sens qu'ils ne demandent qu'à me croire. Mais un fonds de scepticisme subsiste. Si l'héritage, en mars 93, doit être aussi lourd que je l'ai annoncé, comment ferons-nous, se demandent-ils visiblement, pour financer nos promesses ? Je m'enflamme : « La gabegie socialiste a atteint des niveaux incroyables. Si l'on additionne le coût de fonctionnement annuel de l'Opéra-Bastille, de la future Très Grande Bibliothèque et de quelques autres " grands travaux " du Prince, on dépasse largement les deux milliards de francs. Avec cet argent, on aurait pu, en quelques années, moderniser la fiscalité agricole. Les marges de manœuvre existent ! » J'ai toujours aimé le dialogue avec les syndicalistes agricoles ; ils sont sérieux, bien formés et informés, réalistes. Peut-être trop. Leur base commence à les dépasser.

A 19 heures, réunion du comité départemental du RPR. Je prêche l'unité du Mouvement. Bonne ambiance. Le référendum ne semble pas avoir laissé trop de traces.

Réunion publique à 21 heures en plein centre d'Auch. Il y a beaucoup de monde. Petit incident au moment des discours de bienvenue que prononcent traditionnellement les personnalités locales, en « vedettes américaines » : deux candidats à l'investiture UPF pour les élections législatives viennent l'un après l'autre à la tribune vanter leurs mérites respectifs et dénigrer leur partenaire-adversaire. La presse jubile. L'union sera un combat !

Je parle une bonne heure. La chaleur, sur la scène, est insupportable. Je sue sang et eau. C'est une forme d'épreuve sportive.

Je dresse le bilan de dix ans de socialisme. Sans insister. Cela va tellement de soi ! Les gens attendent plutôt des perspectives pour l'après-mars. J'essaie de tracer les grandes orientations d'une nouvelle politique :

— réformer l'État et faire fonctionner les services publics, principalement l'éducation nationale, la justice et la police ;

— changer de politique économique pour faire reculer le chômage ;

— donner un nouveau souffle à la politique sociale, et d'abord à tout ce qui touche à la relation du salarié et de son travail ;

— remettre à l'honneur une grande politique d'aménagement du territoire afin d'éviter le divorce entre la France urbaine et la France rurale ;

— rassembler les Français en cultivant le sentiment d'appartenance nationale, l'attachement à la patrie qui tissent des liens très vivaces entre eux. A condition d'en faire une force d'ouverture et de générosité et non point de repliement et d'égoïsme.

Je développe longuement. La salle est attentive. Il faut continuer la pédagogie de la réforme. Nous avons eu raison de choisir ce mot et l'idée qu'il incarne : la réforme contre l'immobilisme et la résignation ambiants.

*Vendredi 9 octobre*

JC reçoit à sa table une trentaine de chefs d'entreprise et de responsables socio-professionnels de la Martinique, de la Guadeloupe et de la Réunion.

J'écoute un cours sur l'économie de la banane. Je n'y avais, jusqu'à présent, jamais rien compris. C'est pourtant simple. L'enjeu est vital pour les départements antillais : la banane y couvre la moitié de la surface agricole cultivée et y emploie 40 000 personnes. Depuis un arbitrage rendu par le général de Gaulle au début des années 60, le marché métropolitain est réservé, pour les deux tiers, aux importations de banane de nos DOM. Le reste, qui vient de l'étranger, supporte les droits de douane du tarif extérieur commun. Au nom du libéralisme, les États-Unis réclament l'ouverture complète des frontières communautaires, de manière à pouvoir écouler la production des pays d'Amérique centrale qu'exploitent trois trusts américains. Exploiter est le mot. Le spécialiste martiniquais qui nous explique la situation nous donne le salaire mensuel des paysans qui ramassent la banane au Honduras pour le compte de Del Monte ou de United Fruit : 250 à 300 francs. Quand les syndicats protestent, les groupes américains lock-outent la main-d'œuvre locale pendant un an ou deux. C'est ce qu'on appelle le libéralisme et la libre concurrence... vus de New York. Aux Antilles françaises, le SMIC s'aligne peu à peu sur le niveau métropolitain. Conclusion de notre ami antillais : « On ne peut accepter que les exploiteurs de la misère humaine nous parlent de libre concurrence. » Le malheur, c'est que les Allemands, traditionnellement liés aux pays d'Amérique latine et centrale, jouent le cheval de Troie des Américains au sein de la Communauté. Il semble que, pour l'instant, la commission tienne bon.

17 heures 30 : je remonte au pas de charge la rue Lepic avec Roger Chinaud et le président de l'association des commerçants qui lancent leur dizaine commerciale annuelle. Majorettes, ruban tricolore à couper, discours de circonstance exaltant les vertus du petit commerce. J'aime cette rue qui conserve la poésie d'un village au cœur de Paris. Mais je suis stressé. Je dois être à 18 heures au palais des Congrès de la porte Maillot où Europe 1 organise un débat entre Sapin et moi en direct du Forum de l'épargne et de l'investissement. Thème : « Les Français paient-ils trop d'impôts ? »

L'émission, animée par Gabriel Milesi, commence à l'heure. Mais point de Sapin. De minute en minute, son attachée de presse nous annonce sa venue. A 18 heures 30, il faut s'y résoudre : il ne viendra pas. Je me frotte les mains : près d'une heure d'antenne pour moi tout seul ! J'y vais gaiement ; c'est l'occasion rêvée de développer la tribune que j'ai donnée au *Monde* cet après-midi même. Titre : « La législature du gâchis. » Je mets l'accent sur les différences entre la politique de Bérégovoy et celle que nous mènerons. Trois idées-force : privatiser les entreprises publiques pour désendetter l'État ; réformer les services publics pour dépenser mieux ; baisser les charges fiscales et sociales pour stimuler la croissance. Milesi me fait l'objection à laquelle je suis habitué : « Comment financer des réformes qui seront forcément coûteuses, tout en réduisant les déficits et en diminuant les impôts ? N'est-ce pas la quadrature du cercle ? » Selon les jours, je réponds en détail ou en gros... Aujourd'hui, j'y vais franco : « Ce que vous me dites me rappelle mot pour mot les critiques qu'on nous adressait en 1985, avant que nous ne gagnions les élections législatives de 1986. C'était partout le même scepticisme. Que s'est-il passé ? En l'espace de deux ans, de 1986 à 1988, nous avons baissé les impôts de 100 milliards et le déficit budgétaire de 45. En ramenant la progression des dépenses de l'État au niveau de la hausse des prix. Nous sommes prêts à recommencer, même si ce doit être encore plus difficile que la dernière fois. »

Quand je raconte l'émission, on me demande : « Si vous avez été si forts pendant la cohabitation, si votre politique a été si bonne, pourquoi avez-vous perdu l'élection présidentielle ? » Question pertinente. Je crois pourtant que la réponse est simple : nous sommes restés au gouvernement deux ans à peine ; les premiers succès de notre politique sont apparus au premier trimestre 1988. Il était trop tard ! Sans oublier la division, et la candidature de Barre... L'expérience puisse-t-elle nous servir...

*Mardi 13 octobre*

Réunion des « mammouths » chez JC. Geste d'ouverture, au lendemain du référendum : Séguin nous a rejoints. La discussion tourne autour de la cohabitation. JC nous a peint un tableau très noir de la situation économique en France, en Europe et dans le monde. Balladur s'interroge : « Dans ces conditions, faut-il aller au gouvernement ? » Pons est péremptoire : « On ne peut pas faire la grève du gouvernement ; et d'ailleurs, si nous n'allons pas à Matignon, d'autres iront à notre place. » Je demande : « Quelle est la meilleure manière de mettre notre candidat en position de gagner la prochaine élection présidentielle, ce qui est la clef de tout ? Former un gouvernement dont il sera forcément solidaire, y compris dans la difficulté, voire dans l'échec ? Ou prendre nos distances avec un pouvoir en sursis pour mieux préparer l'échéance présidentielle ? » Perplexité. JC questionne Séguin : « Quel est ton avis ? Vous en avez sans doute parlé entre vous ? » Réponse sibylline : « Je ne sais pas... » Ça promet !

*Mercredi 14 octobre*

Questions d'actualité à l'Assemblée nationale. Je m'adresse à Bérégovoy :

« A vous entendre, monsieur le Premier ministre, l'économie française se porterait de mieux en mieux. Le chômage reculerait ; le déficit budgétaire resterait modéré ; la reprise de la croissance serait pour bientôt. Eh bien ! je regarde autour de moi et ce n'est pas ce que je vois ! Notre économie subit des taux d'intérêt à court terme supérieurs à ceux de l'Allemagne, ce qui étrangle tous ceux qui veulent investir, entreprises ou particuliers. Un climat de marasme s'installe partout dans le pays

« Pourquoi en sommes-nous là ? Ce n'est pas la faute de l'inflation car, c'est vrai, la hausse des prix en France est faible. La vraie raison, c'est qu'en France, aujourd'hui, la puissance publique vit au-dessus de ses moyens. Le déficit du budget de l'État dépassera 200 milliards en 1992 ; autant, peut-être plus, en 1993. Si bien qu'au 1er janvier 1994, la dette de l'État se sera accrue de près de 400 milliards et la charge de ses intérêts de 40 milliards ! En d'autres termes, et pour rendre les chiffres plus parlants, chaque Français doit aujourd'hui 37 000 F au titre des emprunts contractés en son nom par l'État ; il en devra 8 000 de plus en janvier 94, soit au total 45 000 F ! Ajoutez à cela le déficit des comptes sociaux : 40 milliards à la fin de cette année, 70 l'an prochain, et vous mesurez l'ampleur du désastre.

« Les conséquences de votre gestion sont en effet désastreuses : l'épargne des Français est pompée par l'État et détournée des entreprises qui en auraient tant besoin pour financer leurs investissements ; les taux d'intérêt sont poussés à la hausse ; l'économie française n'inspire pas confiance à l'étranger, d'où la faiblesse du franc à chaque crise monétaire internationale et l'obligation, pour vous, de maintenir une politique d'argent cher. Votre gestion budgétaire vous prive des moyens de vos ambitions monétaires !

« Je sais ce que vous allez me répondre : nos déficits ne sont pas pires que ceux des grands pays industriels.

« Soyons sérieux ! Faut-il vraiment nous donner en exemple la politique budgétaire des États-Unis ou de l'Italie ? En réalité, la France, à ce rythme, ne remplira bientôt plus les conditions fixées par le traité de Maastricht pour entrer dans le système de la monnaie unique. Dieu sait pourtant si vous vous glorifiiez naguère de compter parmi les bons élèves de la classe ! Pour bien apprécier notre situation financière, vous savez en outre qu'il faut faire le total des impôts, taxes et cotisations en tous genres — ce qu'on appelle les prélèvements obligatoires — et des déficits publics. Si l'on fait ce total, on constate que la France bat le record de la ponction des collectivités publiques sur la richesse nationale. Ce sera la marque de vos dix ans de pouvoir, la marque du socialisme sur la France.

« D'où ma question, monsieur le Premier ministre : pour éviter de précipiter la France dans la récession la plus grave qu'elle ait connue depuis longtemps et de déclencher une crise sociale majeure, ne pensez-vous pas que vous devriez retirer votre projet de loi de finances, comme vous avez pris l'habitude de le faire pour plusieurs de vos textes, et demander à votre tout nouveau ministre du Budget d'en préparer un autre ? »

C'est dur. Bérogovoy prend lui-même la parole pour répondre. Sans surprise : « Les temps sont difficiles, la France ne fait pas plus mal que les autres... » Mais le ton est pugnace ; ce n'est pas le « prêchi-prêcha » habituel. On sent l'homme décidé à se battre. Il ne faut pas le sous-estimer.

*Samedi 17 octobre*

Près de deux mille jeunes du RPR m'accueillent à Port-Marly où se tiennent leurs Xe universités. Ils sont enthousiastes. Peu de partis politiques peuvent encore faire une telle démonstration de militantisme.

Je les invite à se battre contre les idées toutes faites. J'énumère :

« L'idée que les Français, les jeunes en particulier, rejettent la politique et les politiques.

« Ce n'est pas vrai. A preuve vos universités. A preuve la dernière campagne référendaire. En fait, ce qui est rejeté, c'est le parti socialiste et la politique socialiste. Dénoncez l'amalgame. Soyez fiers de faire de la politique, car c'est le service de l'intérêt général et du bien public.

« L'idée que notre pays est, comme les autres, victime d'une crise mondiale et que, contre cette fatalité, il n'y a rien à faire qu'à attendre que cela passe.

« Ce n'est pas vrai. Même si les temps sont durs pour tout le monde, certains s'en tirent mieux. Il y a quelque chose à faire. » Et je prends l'exemple de la lutte contre le chômage.

« L'idée que désormais, en France, entre la droite et la gauche, il n'y a plus de différence. C'est bonnet blanc et blanc bonnet.

« Ce n'est pas vrai. Qu'il s'agisse d'économie, de sécurité ou d'immigration, les gouvernements socialistes ont rompu avec la politique que menait entre 1986 et 1988 le gouvernement de Jacques Chirac. Pour l'avenir aussi, marquons nos différences. Ce sera tout l'enjeu de la prochaine campagne électorale.

« L'idée que la victoire est déjà acquise.

« Attention ! Les socialistes ont certes déjà perdu, économiquement, socialement, moralement. Nous allons sans doute obtenir une large majorité dans la future Assemblée nationale. Mais ce n'est pas ce que j'appelle gagner. Gagner, c'est transformer le vote-sanction contre le pouvoir en place en une véritable adhésion à la politique de réforme que nous avons l'ambition de mettre en œuvre. Pour cela, il faut reconstituer le pacte social entre les Français. Pacte fondé sur ce qui peut le mieux rassembler le peuple, c'est-à-dire le sentiment national, l'attachement à la patrie, l'amour de la France, à condition que ce soit un geste d'ouverture et non de repli sur soi, un mouvement de générosité et non d'égoïsme, la recherche de la grandeur et du dépassement, et non l'attirance vers ce qui est petit et mesquin. »

Je conclus : « Soyez anticonformistes ! Soyez dérangeants ! Soyez gaullistes ! »

Balladur qui intervient en fin de matinée leur rappelle que de Gaulle a toujours été du côté de la réforme, contre tous les conservatismes et tous les dogmatismes.

Pendant le déjeuner, un journaliste me confie sur un ton nostalgique : « Il est bien loin le temps où les socialistes incarnaient le changement. Ça fait un choc d'entendre qu'on les taxe maintenant d'immobilisme... »

*Dimanche 18 octobre*

Clou de nos universités : près de deux mille jeunes ovationnent Chirac. Un seul slogan inlassablement répété : « Mitterrand à Latché, Chirac à l'Élysée. » Bonne humeur, bonne volonté. L'enthousiasme les pousse parfois à applaudir, à cinq minutes d'intervalle, des déclarations divergentes. Exemple : « Il faut que

Mitterrand s'en aille ! Pas de nouvelle cohabitation. » Puis : « S'il refuse de partir, il faudra bien gouverner. Nous ne pourrons pas fuir nos responsabilités. » Après tout, ont-ils tort de balancer ? Ne le faisons-nous pas nous aussi ?

JC est visiblement heureux dans cette ambiance jeune, confiante, œcuménique : quand il prononce le mot d'insécurité, la salle scande le nom de Pasqua ; quand il parle chômage, la salle répond « Balladur ». JC conclut son discours par ces mots : « Jamais je n'ai été aussi serein. Jamais je ne me suis senti aussi libre. » Tonnerre d'applaudissements. Les jeunes perçoivent confusément que cela n'a jamais été aussi vrai.

Moi aussi, pendant deux jours, je me suis senti heureux. Je le leur ai dit : « La vie politique, la vie d'un secrétaire général de parti tout spécialement, est un très long fleuve pas du tout tranquille. Sur le parcours, on rencontre souvent des rapides ; il faut alors bien attacher sa ceinture. Et puis viennent les moments de calme, de plein soleil, de joie tranquille. Merci de m'avoir donné l'un de ces moments. »

« 7 sur 7 » : Giscard fait volte-face sur la cohabitation. Prise de conscience de la difficulté de la tâche qui attend le gouvernement au lendemain des élections législatives ? Influence des sondages qui montrent une hostilité grandissante de l'opinion au maintien de Mitterrand à l'Élysée ? Pari sur une élection présidentielle anticipée ? Ce qui compte, c'est que nous arrivions à une position commune. Ça bouge dans le bon sens.

21 heures, revu, à la télé, *Witness*, le film de Peter Weir que j'avais vu avec Laurent lors de sa sortie en 1984. Je comptais travailler ce soir, corriger l'article que je dois donner au *Monde* sur la politique sociale. Mais je n'ai pu détacher mes yeux de l'écran. Quelle merveille ! Beauté très botticellienne du visage de Kelly Mc Gillis. Parmi tant d'images fortes, j'aime celle de la charpente de la nouvelle grange que dressent les Amish pour de jeunes mariés. C'est sans doute le plus beau symbole de ce qu'est vraiment une communauté d'hommes et de femmes. Parfum d'archaïsme dans la jungle de la drogue et du meurtre. Comment résister à la nostalgie du paradis perdu, qui nous habite tous, dans le tréfonds, d'autant plus tenace que nous la savons vaine ?

*Jeudi 22 octobre*

Voyage dans la Drôme. Je passe deux heures dans la ferme de M.B. à Vaunaveys-la-Rochette. C'est l'exemple même de l'exploitation agricole, parfaitement compétitive aujourd'hui, que la réforme de la politique agricole commune va conduire demain à la faillite. Quatre-vingt-dix hectares environ de bonnes terres à blé, maïs, colza... Père et fils associés en « GAEC », matériel quasiment neuf, réseau d'irrigation moderne, bref une entreprise bien gérée. Comme le font volontiers les paysans, mes hôtes mettent tous leurs comptes sur la table. En 1991, leur chiffre d'affaires a atteint 891 084 F, leurs charges d'exploitation se sont montées à 747 555 F, ce qui leur a laissé un résultat de 143 529 F. Chacun des deux associés a reçu un « salaire » à peu près égal au SMIC. Ils s'en contentent. Il est vrai qu'à la campagne, on vit largement « sur la bête ». Que va-t-il leur arriver à partir de 1993 ? D'abord « Bruxelles » va les obliger à mettre treize hectares de terre en jachère. Crève-cœur. Ils me parlent de tous les pauvres hères qui crèvent de faim à travers le monde. Sur ces terres en jachère, point de recettes naturellement, mais des charges qui continueront à courir : impôts, amortissement du réseau d'irrigation... En outre, le prix auquel leur seront payés le blé, le maïs, le colza qu'ils produiront sur le reste de l'exploitation va baisser drastiquement : – 29 % en trois ans. En compensation on leur annonce une « prime », mais une prime calculée sur les rendements moyens départementaux, ce qui pénalise gravement les fermes performantes comme la leur dont la productivité est très supérieure à celle de l'agriculture de montagne à l'est du département. Ils me communiquent leur compte d'exploitation prévisionnel pour 1993 :

produits : 689 395 F,
charges : 722 860 F,
déficit : 33 465 F.

Trois ans de ce régime et c'est le dépôt de bilan. Ils sont dignes. Ils ont aux lèvres un petit sourire fier, qui cache mal leur incompréhension et leur révolte. Ils ne me demandent même pas ce que nous comptons faire pour les sauver. Dans nos discours nous parlons souvent de la désespérance du monde rural. Elle est là, devant moi. A Paris, on m'expliquera que les cours mondiaux... On ne peut pas laisser faire.

Au cours du meeting que je tiens en soirée à Valence, je raconte ce que j'ai vu et je conclus : « La France sans son agriculture ne serait plus tout à fait la France. » La salle applaudit à tout rompre. Je crois très sincèrement que c'est vrai. Pas seulement pour des raisons économiques, mais aussi sociales, humaines, culturelles. Affaire de civilisation. Il nous manque un Péguy pour le crier.

Minuit. Le Beechcraft vient de décoller de Valence-Chabeuil. Les journalistes et les collaborateurs qui m'accompagnent ont sommeil. Le pilote éteint les lampes de la cabine. Le ciel est clair, plein d'étoiles. Je ne parviens pas à m'endormir. Je suis pourtant écrasé de fatigue. J'ai parlé des heures, répondu à des dizaines de questions, serré des centaines de mains. J'ai eu froid sous la grange de Vaunaveys, trop chaud pendant le meeting de Valence. Pour conjurer la fatigue, j'ai mangé et bu. Trop. Je me sens laid, sale. Ma barbe a poussé. Lassitude. A l'arrivée, je dis à G., journaliste à *Libération,* en forme de boutade : « Ah ! j'en aurai fait des kilomètres pour porter Balladur à Matignon ! »

*Jeudi 19 novembre*

Vote, hier, à l'Assemblée nationale, pour la désignation des membres de la Haute Cour de justice.

Fabius est à quelques pas de moi, dans la queue qui s'est formée devant les urnes. Son visage est devenu dur. L'épreuve terrible qu'il affronte le changera-t-elle ?

Avons-nous tous mesuré l'ampleur du drame ?

Je n'ai pas oublié la jeune femme qui m'attendait à la sortie de ma réunion publique à Perpignan, il y a tout juste un mois ; ses mains serraient les miennes tandis qu'elle me parlait : « Mon fils est hémophile ; il a été transfusé ; il est séropositif ; quand vous serez au pouvoir, est-ce que vous nous aiderez à découvrir la vérité ? »

Je ne connais du drame du sang contaminé que ce qu'en disent les journaux. N'étant ni juge d'instruction ni membre d'une commission d'enquête, je n'ai pas eu accès au dossier. Je pressens pourtant que Fabius, dès qu'il a été informé, a vite pris la bonne décision.

Faut-il dès lors dissocier son cas de celui de Georgina Dufoix et d'Edmond Hervé, comme le demandent certains ? Mais, pour citer la formule de Rocard, sera-t-il « jamais acquitté s'il n'est jamais jugé » ? N'aurait-il pas eu intérêt à prendre lui-même les devants et à déclarer publiquement : « Je n'ai rien à me reprocher. La traduction en Haute Cour a quelque chose d'infamant. Mais le droit étant ce qu'il est, c'est la seule procédure qui me permette de m'expliquer. Je demande donc la constitution de la Haute Cour et je suis prêt à me présenter devant elle. » Peut-être aurait-il alors forcé l'estime, et le destin. Facile à dire...

Je me suis interrogé avant de signer la proposition de résolution demandant la comparution des ministres socialistes. Au RPR, certains ne l'ont pas signée. Balladur et Séguin par exemple. Je comprends leurs scrupules. La procédure va être longue, fertile en rebondissements ; et les socialistes essaieront de nous mettre dans le bain. Mais avons-nous le choix ? L'opinion publique nous laisse-t-elle le choix ? Dès lors qu'un juge d'instruction, saisi par les avocats des familles des transfusés, s'est déclaré compétent « pour tous autres », à l'exception des ministres protégés par les articles 67 et 68 de la Constitution, pouvons-nous prendre la responsabilité d'un véritable déni de justice ? Si la Haute Cour n'est pas constituée, il y aura bel et bien impunité pour ceux que les tribunaux ordinaires ne peuvent entendre. Dans le climat actuel, « les politiques » seront immédiatement accusés de se couvrir mutuellement et le scandale n'en sera que plus grand.

Les socialistes affirment qu'impliquer Fabius, c'est laisser planer sur lui une présomption de culpabilité. Mais dissocier son cas de celui d'Edmond Hervé et de Georgina Dufoix en invoquant cet argument, n'est-ce pas refuser à ces deux derniers la présomption d'innocence à laquelle tout citoyen a droit tant qu'il n'a pas été condamné ? Inextricable dilemme.

« Responsable mais pas coupable. » Soit. Responsable : celui qui répond de ses actes. Il faut donc comparaître.

Il est vrai que les règles en vigueur ne sont pas bonnes. La Haute Cour porte un nom qui évoque par lui-même la haute trahison. On lui fait grief d'être une justice politique, donc une parodie de justice.

Que faire ? J'ai écouté les arguments des uns et des autres. Ceux qui préconisent le statu quo font remarquer que, tout comme l'immunité parlementaire, il s'agit d'une procédure qui vise à protéger la démocratie contre l'arbitraire du pouvoir, ou contre les excès de ce qu'on appelle aux États-Unis la « *litigious society* ». Ils n'ont pas tout à fait tort. Les partisans du droit commun, comme Jacques Toubon ou Pierre Mazeaud, répliquent que les temps ont changé ; que l'opinion publique ne comprend plus qu'on fasse « deux poids deux mesures » ; que les ministres doivent donc être jugés comme tout le monde ; qu'on peut imaginer un filtre efficace — par exemple l'intervention de la Cour de Cassation — pour écarter les plaintes manifestement infondées. Ils m'ont convaincu. J'ai choisi la réforme.

Mitterrand aussi. Il n'a cependant pas osé subordonner toute poursuite — ou toute « mise en examen » comme on dira désormais — à la révision de la Constitution. Il s'est rendu compte que la manœuvre eût été dénoncée comme dilatoire. A bon droit. Mais la manière dont il a lâché Fabius a quelque chose d'écœurant. Pas un mot de compréhension, à défaut de soutien ! Curieux personnage décidément.

La vraie, la grande question est de savoir si l'on pouvait éviter ce drame ; si nous-mêmes ou d'autres, placés dans les mêmes conditions, l'aurions évité.

Les socialistes les plus hargneux, à commencer par Jack Lang, mettent en cause le gouvernement de Jacques Chirac. Leurs griefs, si j'ai bien compris ce qui s'est passé, ne tiennent pas : plusieurs centres de prévention anonymes et gratuits ont été mis en place au plus vite ; la collecte de sang dans les prisons a certes continué après 1986 mais le dépistage était devenu obligatoire ainsi que le chauffage des produits dérivés du sang ; quant à l'indemnisation, il est vrai que les premières mesures n'ont été prises qu'à la fin 89 et que la loi proprement dite n'a été votée qu'en décembre 1991 ; mais entre 1986 et 1988, personne n'avait conscience de l'ampleur du désastre. Les médecins et les chercheurs commencent à en convenir.

Il n'en reste pas moins que tous ceux qui ont déjà exercé des responsabilités ministérielles devraient faire leur examen de conscience : « Aurais-je su ? Et si j'avais su, aurais-je réagi comme il fallait ? » Au-delà même des circonstances de l'affaire, la plus douloureuse qui soit par le nombre des victimes et la charge d'émotions qu'elle déclenche au plus profond de chacun de nous — le sang, le sexe, la mort... c'est le problème de la responsabilité politique qui est posé. Quand un train déraille, le PDG de la SNCF et le ministre des Transports sont-ils responsables ? Leur culpabilité peut-elle être recherchée ? La question paraîtra incongrue aux chefs d'entreprise qui sont habitués à être poursuivis pénalement pour des accidents survenus dans telle ou telle de leurs usines. A partir de quel moment est-on en droit de considérer que l'effet de taille et donc d'éloignement commence à exonérer le chef de sa responsabilité ? Peut-on suivre Stasi quand il dit en substance : « Georgina Dufoix, oui, car elle était directement en charge des questions de santé ; Fabius, non, car un Premier ministre ne peut tout savoir » ? Où placer la barre ?

Une chose est sûre : même si la responsabilité pénale n'est pas mise en jeu, la décence commande, en pareil cas, de prendre du recul avec les charges publiques. Comment M^me^ Dufoix peut-elle continuer à exercer sa fonction de déléguée ministérielle à la lutte contre la toxicomanie ?

Réfléchir aussi à l'organisation de l'État et au rôle que jouent les cabinets ministériels. Trop souvent ils font écran entre le ministre et ses directeurs qui se sentent court-circuités et dé-responsabilisés. Les collaborateurs politiques qui entourent le ministre n'ont pas toujours la même compétence ni la même maturité. Ils n'ont aucune existence propre puisqu'ils « sont » le ministre lui-même. Jusqu'à quel point ce système assure-t-il la bonne circulation de l'information et la nécessaire transparence des décisions ? N'aurions-nous pas intérêt à travailler plus étroitement avec ceux que leur qualité de directeur autorise ou devrait autoriser à nous convaincre... ou à nous résister avec plus de force ?

*Mardi 15 décembre*

Dès que sort un nouveau livre de Jacqueline de Romilly, je me précipite en librairie.

J'ai aimé, il y a quelques années, son essai : *L'Enseignement en détresse.* Ses analyses y étaient fines, somme toute mesurées, parfois incisives. Sa prose, tout comme son visage, respire toujours l'intelligence, la sagesse, la bonté. Sagesse et bonté qui l'ont guidée « Sur les chemins de Sainte-Victoire », autre beau livre. Ce que j'admire le plus en elle, c'est naturellement l'helléniste. Titre de son dernier ouvrage dont je viens de commencer la lecture : *Pourquoi la Grèce ?*

Question au goût de madeleine, dans ma bouche, dans mon cœur...

D'un coup, je me retrouve en train de marcher dans les rues du quartier Latin ; nous sommes en 1964 ou 1965 ; j'ai vingt ans ; je viens d'entrer à l'École normale ; je prépare mes derniers certificats de licence ; je me dirige vers l'Institut de grec, au deuxième (?) étage d'un immeuble bourgeois de la rue de la Sorbonne ; c'est le sanctuaire de Jacqueline de Romilly. Platon au programme. C'est difficile. J'ai séché plusieurs heures sur le texte, dans ma turne de la rue d'Ulm. Mme de Romilly parle. Soudain, la lumière de l'évidence dissipe les ombres de mon ignorance. J'admire, sans partage. La Grèce, la lumière...

« Pourquoi la Grèce ? » Le premier chapitre traite de l'*Iliade,* « une épopée différente des autres ». L'auteur explique : « Homère élague. Il simplifie. Il ne prête à ses personnages que les émotions ou les gestes les plus fondamentaux. » Ou encore : « En Perse, les héros mangent chacun autant que cinq hommes. Il arrive que leurs têtes touchent les astres et que la terre ne puisse porter leur poids. Les héros homériques, eux, sont sans doute beaux et vaillants, mais toujours à la mesure humaine, même quand ils sont fils d'un dieu et d'une mortelle. »

Le goût, le parfum de la madeleine, encore...

Je sors d'une hypokhâgne et d'une khâgne à Louis-le-Grand, deux années hors du temps, dures, merveilleuses d'irréalité ; compagnons de vie : Homère, Thucydide, Platon, Virgile, Tacite... je n'aurais plus jamais de telles fréquentations ! Je suis admissible à l'« École » ; reste à franchir la barrière la plus périlleuse, celle de l'oral ; en grec, j'ai tiré Homère ; depuis des mois, chaque soir, j'ai lu quelques pages de l'*Iliade* ou de l'*Odyssée ;* la traduction me vient, fluide, précise ; j'enchaîne 30, 40, 50 vers ; le verdict tombe : « C'est bien ! » ; je reprends espoir ; je vais peut-être intégrer « carré ». Éblouissement, lumière, Grèce...

J'ai sillonné dix fois la Grèce en tous sens, depuis ma première expédition de lycéen, en 1961. J'avais seize ans. Expédition est bien le mot. Une cinquantaine de potaches, sous la houlette d'un prof de grec surnommé Cyrus. Je ne me suis jamais vraiment remis du choc que j'ai reçu. Choc de l'Acropole où je suis resté en pâmoison pendant des heures, au lever du soleil, au coucher du soleil, au clair de lune car on pouvait alors s'y introduire de nuit. Aujourd'hui encore, quand il m'arrive de passer quelques heures à Athènes, en voyage professionnel ou en transit, je trouve toujours une heure pour aller rôder autour de l'Acropole. Le spectacle me rend lyrique, j'ai envie de déclamer la Prière... Je ne parviens pas à détester cette ville immonde de pollution et de désordre, je lui trouve des circonstances atténuantes.

Choc de Delphes, de la mer des oliviers (j'ai naguère adhéré à l'association internationale de sauvegarde du site qui s'est battue contre l'ouverture d'une nouvelle mine de bauxite dans les environs), choc du stade au pied des Phaedriades où nous mimâmes le pancrace, choc de l'Aurige dont personne n'a jamais su décrire le mouvement impassible.

Choc des îles, des plus désertes aux plus populeuses, où ma peau a appris la volupté de la mer et du soleil que ne m'avait jamais donnée, sur mes plages landaises, l'Atlantique aux mille vagues. Je suis tombé amoureux fou de la Grèce et de tout ce qui y ressemble, jusqu'en Ionie ou en Sicile. La mer Méditerranée est devenue ma mer, le ventre de ma nouvelle naissance.

Un jour, à Argos, dans le Péloponnèse, j'ai rencontré un camarade de l'École qui dirigeait une campagne de fouilles ; l'idée ne m'a depuis lors jamais vraiment quitté de changer de vie pour devenir archéologue, quelque part autour de la Méditerranée. Fantasme, resté jusqu'ici inoffensif.

A Troie, un peu plus tard, devant la plaine nue, monté sur les maigres ruines où de distingués hellénistes ont passé leur existence à découper l'histoire en rondelles — ou en strates —, je me suis demandé : « Pourquoi la Grèce garde-t-elle sur moi cette puissance d'émotion, même quand il ne reste plus rien ou presque rien ? » Oui, pourquoi la Grèce ?

Jacqueline de Romilly répond : parce que « la Grèce, se heurtant à Darius, puis à Xerxès, a défini en termes clairs notre “ idéal européen ”, celui de la parole, de la démocratie, de la liberté, de la tolérance ». Elle cite ce beau texte d'Isocrate :

« Parce que nous avons reçu le pouvoir de nous convaincre mutuellement et de faire apparaître clairement à nous-mêmes l'objet de nos décisions, non seulement nous nous sommes débarrassés de la vie sauvage, mais nous nous sommes réunis pour construire des villes ; nous avons fixé des lois ; nous avons découvert des arts ; et presque toutes nos inventions, c'est la parole qui nous a permis de les mener à bonne fin. »

Il n'y aurait donc pas que le soleil et la Méditerranée qui m'aient marqué de l'empreinte grecque... Mais aussi l'invention de la parole, du logos, de la cité, de la polis, bref de la politique... Ruse de la raison qui frappe au cœur.

# POSTFACE

*On l'aura compris en lisant ces pages : j'aime la politique.*

*J'aime la politique parce qu'elle est comme la vie : foisonnante. Riche en découvertes et en rencontres. Rien ne me met plus en colère que d'entendre répéter que les hommes politiques sont coupés des réalités quotidiennes. Psittacisme. Certains s'imaginent que nous vivons tous dans des palais nationaux, servis par des cohortes de domestiques et protégés du monde extérieur par des rangées de gardes du corps. Tel est peut-être le cas du président de la République, du Premier ministre et de quelques ministres importants. Ce n'est pas ainsi que vit le député de base ni même l'ancien ministre. Je ne tomberai pas dans le ridicule de raconter que je fais, comme tout le monde, la vaisselle de mon petit déjeuner, ou les courses au supermarché du coin quand je rentre chez moi le soir. D'abord on ne me croirait pas. J'entends tomber la sentence : « démago ! » Et puis, ça ne regarde personne. Private life. Ce qui importe en revanche, c'est que les gens sachent combien leurs élus sont en permanence « au contact ». Je ne connais aucune profession dont les membres le soient si constamment. Au contact avec ce qu'il faut bien appeler, au risque de se faire taxer de grandiloquence, le peuple. J'ai été fonctionnaire ; je compte dans ma famille des médecins, des pharmaciens, des enseignants ; beaucoup de mes amis ont fait carrière dans l'entreprise, publique ou privée. La plupart sont très occupés. Mais aucun, je l'atteste, ne fréquente autant de gens de tous horizons que peut le faire un homme politique. Meetings, dîners-débats, réunions d'appartement, permanences, porte à porte, cages d'escaliers dans les HLM, tournées dans les rues ou sur les marchés, c'est le lot quotidien du député ou du maire. Et la relation qui s'instaure, en chaque occasion, entre l'élu et l'électeur, est d'une franchise, d'une brutalité qui la rendent incomparable à tout autre. Pour dire les choses plus simplement, personne n'oserait parler non seulement à son supérieur hiérarchique mais même à son voisin de palier comme le simple citoyen parle à son représentant. Le suffrage universel autorise toutes les audaces, tous les coups sont permis, toutes les confidences sont osées. Nous sommes à la fois des confesseurs et des têtes de Turc. On peut aimer ou ne pas aimer, supporter ou ne pas supporter. Mais cela donne une connaissance de la nature humaine et des difficultés quotidiennes des gens qu'on n'acquiert nulle part ailleurs. Comme les « observateurs » ne reculent devant aucune contradiction, ils nous reprochent à la fois d'être trop prisonniers de l'opinion publique... et trop éloignés de ce que pensent et vivent les gens. Comprenne qui pourra ! Une chose est sûre : on ne peut pas faire durablement de la politique si l'on n'aime pas se frotter à ses semblables. J'ai eu du mal. J'ai longtemps été paralysé par une timidité que beaucoup prenaient pour de la froideur. Je sais qu'aujourd'hui, je ne pourrais plus me passer de l'échange et du dialogue qu'apporte la politique.*

*J'aime aussi la politique parce qu'elle donne une extraordinaire ouverture d'esprit.*

*On y rencontre les gens. On y brasse aussi les idées. Là encore, je fais la comparaison. Des amis qui se sont lancés à trente ans dans les affaires, qui ont créé leur entreprise ou franchi tous les échelons de la hiérarchie d'un grand groupe viennent parfois, à cinquante ans, solliciter une investiture aux élections municipales ou régionales parce qu'ils ont « fait le tour » de leur métier et qu'ils commencent à s'ennuyer. En politique, on n'a jamais fait le tour. De l'examen d'un projet de loi de finances à la discussion de la programmation militaire, de la politique de l'immigration à la réforme de l'éducation nationale, de l'équilibre de la sécurité sociale à la modernisation de la procédure pénale en passant par les questions de bioéthique ou la lutte contre le sida, la diversité, la complexité, l'urgence, la gravité des problèmes dont les parlementaires peuvent être saisis au cours d'une session — a fortiori les ministres au gouvernement — sont passionnantes. Le risque, bien sûr, c'est la superficialité. Mais quand on a le goût des idées, quand on prend la peine de se consacrer à l'approfondissement de certains dossiers — ce que font les bons parlementaires —, alors l'intérêt de la tâche ne faiblit jamais. J'ai toujours pensé qu'à long terme on réussit mieux en politique en investissant dans les sujets de fond et en défendant quelques convictions fortes qu'en montant des coups.*

*J'aime enfin la politique parce qu'il arrive qu'on y prenne des décisions et qu'on y réalise des projets.*

*C'est bien connu : lorsqu'on demande à un élu quel est celui de ses mandats qui lui procure le plus de satisfactions, il répond immanquablement : celui de maire. Tout simplement parce qu'un élu local a le pouvoir de « faire », tandis que le député n'a trop souvent que celui de « dire ».*

*J'en fais l'expérience dans « mon » 18^e^ arrondissement où, avec Roger Chinaud, j'animе le travail de la municipalité. C'est une ville de 200 000 habitants, extraordinairement diverse, sans doute plus qu'aucun autre arrondissement de Paris. On y trouve les classes moyennes du quartier des Grandes-Carrières, les commerçants de la rue Lepic ou de la rue du Poteau, les bourgeois et les artistes de la butte Montmartre, les ouvriers du secteur de La Chapelle, les milieux populaires des HLM et HBM du boulevard Ney, et l'extraordinaire kaléidoscope humain de la Goutte d'Or. Je me souviens d'avoir lu dans un grand magazine féminin, très « chic », à la rubrique « Voyages », ce conseil : « Pourquoi prendre l'avion pour vous dépayser ? Empruntez le métro et descendez à la station Barbès, vous y découvrirez toutes les émotions de l'Afrique. »*

*Je me suis pris de passion pour cette ville dans la Ville. Je souris quand je lis, dans les rubriques « Échos confidentiels » des hebdos politiques, que je me prépare à briguer la mairie de Lille, ou celle de Rouen, ou celle de Nantes. Je n'ai nulle envie de changer. J'ai encore beaucoup à faire. Beaucoup à bâtir par exemple : les besoins en crèches et en maternelles de l'arrondissement sont loin d'être satisfaits. Quoi de plus excitant que de chercher un terrain, de le libérer (ce qui, dans un espace « fini » comme Paris, n'est pas une partie de plaisir), d'étudier le projet de l'architecte, de le confronter aux exigences des futurs utilisateurs, de convaincre les innombrables associations de défense dont l'objet principal est de s'opposer à tout changement susceptible de contrarier les droits acquis du voisinage, de passer outre les pinaillages de l'architecte des bâtiments de France qui est d'autant plus tâtillon que le projet est plus urgent, de suivre le déroulement du chantier, de prier le ciel qu'aucune entreprise ne fasse faillite en cours de route... Mais quelle récompense lorsque, le jour de la rentrée, la nouvelle école est prête à accueillir les enfants qui, jusque-là, s'entassaient dans des bâtiments vétustes ! Ce n'est pas du baratin : depuis dix ans, j'ai vécu tout cela bien des fois. Je le vis quand je me promène dans les rues de la Goutte d'Or, et que je vois ici le gymnase, là l'école, la crèche, le square, les logements neufs qui n'étaient que croquis en 1984 et qui sont aujourd'hui réalités concrètes, lieux de vie, preuves tangibles qu'en politique, on peut promettre et tenir.*

*Ce bonheur de « faire » n'est pas le privilège des seuls élus locaux. Au gouvernement, on peut aussi imprimer sa marque. Les deux années que j'ai passées rue de Rivoli, à la tête du ministère du Budget, m'ont, de ce point de vue, comblé. Préparer le budget du pays, rechercher la meilleure allocation possible de ressources forcément rares, tenter de justifier les économies qu'on propose autrement que par des arguments d'autorité (le « n'y a qu'à » à quoi l'on réduit trop souvent le raisonnement des « budgétaires »), négocier* pied à pied avec des collègues parfois prestigieux et souvent coriaces, voilà qui remplit une tranche de vie. Quand de surcroît on a la chance d'appartenir à un gouvernement qui a l'ambition d'engager des réformes de fond, comme nous l'avons fait pour la fiscalité française, alors on s'éclate. Je me suis éclaté. J'ai aimé être ministre, je l'avoue sans pudeur. Si je niais avoir envie de le redevenir, qui me croirait ? Il y a tant à faire !

Il y a trois ans, on nous a annoncé la « fin de l'Histoire » ! Si la chute du marxisme et des régimes qui s'en réclamaient avait pu faire naître cette chimère, la suite des événements l'a vite pulvérisée. Sous nos yeux, commence une nouvelle Histoire, également pleine de bruit et de fureur. Jamais sans doute les enjeux n'ont été aussi graves.

Enjeux planétaires. Comment ne pas ressentir de l'angoisse devant la menace d'éclatement qui pèse sur la planète si nous ne parvenons pas à réduire la fracture entre nations riches et nations pauvres ! L'état du monde est terrifiant : une Amérique latine où les trafiquants de drogue tiennent la dragée haute aux armées régulières, où les démocraties vivent de fragiles sursis entre guérillas, putschs militaires et scandales de la corruption, où la violence privée semble parfois la seule réponse à la misère des favellas ; une Afrique noire décimée par le sida, minée par la prévarication et l'anarchie, privée des moyens d'amorcer son décollage économique par l'aberrante instabilité des cours des monnaies et des matières premières ; un Maghreb que sa démographie galopante et le fondamentalisme islamique transforment, à nos portes, en poudrière politi-

*que ; et vers l'Est, les dépouilles d'un empire où l'impéritie des responsables de l'économie, l'exaspération des nationalismes, les nostalgies d'une nomenklatura encore puissante font que tout est possible. Sans parler des stigmates de la honte que nous portons au front pour laisser se perpétrer sans réagir, à deux heures d'avion de Paris, une entreprise de « purification ethnique » qui n'est pas autre chose qu'une résurgence de l'hydre nazie. Quel chantier que le* XXI^e^ *siècle !*

*Ici ressuscite le politique. Ni tout à fait intellectuel, ni tout à fait moraliste, l'homme politique est avant tout homme d'action, avec ce que cela comporte de naïveté et de courage. Rien ne le stimule autant que les combats un peu fous. Le politique se dit, en portant son regard sur les années qui viennent, que le vieux rêve d'une autorité mondiale est maintenant une condition de notre survie. Entre le chaos et la société des nations, nous n'avons plus le choix. Dans un monde menacé d'explosion, nous avons l'impérieux devoir d'imaginer un mode de régulation politique internationale qui nous permette de prendre à bras-le-corps la question du développement, du nouvel ordre monétaire, la prévention et le règlement pacifique des conflits, le contrôle des armements, la sauvegarde de la planète et de ses équilibres naturels.*

*Quelle joie et quelle fierté si la France pouvait être en tête d'une telle croisade et si la politique française pouvait aussi se passionner pour cette cause !*

*Enjeux nationaux, ensuite. La France est malade. C'est hélas ! devenu une banalité que de le dire. Dure réalité pour tous ceux qui, depuis des décennies, ont essayé de construire un pays fort, prospère, solidaire.*

*La maladie dont nous souffrons est économique : le chômage est devenu un mal français, qui traduit à la fois le manque de compétitivité de notre appareil productif et la faillite de notre système de formation. La maladie est aussi sociale : la pauvreté est revenue en force et nous ne lui avons trouvé d'autre remède qu'une assistance administrative qui l'entretient et même l'aggrave. Elle est surtout politique et morale : les Français n'ont plus confiance en l'État ni en ceux qui l'incarnent ; ils finissent par ne plus avoir confiance en eux-mêmes. Le malaise de la justice, la montée de l'insécurité, la peur de perdre une identité nationale que tout semble menacer, voilà autant de signes du dérèglement de notre vie publique et de la crise de l'État.*

*Montesquieu a analysé ce processus : « Le principe de la démocratie se corrompt, écrit-il, non seulement lorsqu'on perd l'esprit d'égalité, mais encore quand on prend l'esprit d'égalité extrême, et que chacun veut être égal à ceux qu'il choisit pour lui commander. Pour lors, le peuple, ne pouvant souffrir le pouvoir même qu'il confie, veut tout faire par lui-même, délibérer pour le sénat, exécuter pour les magistrats, et dépouiller tous les juges. »*

*Le peuple, ne pouvant souffrir le pouvoir même qu'il confie... Peut-on mieux exprimer le rejet du politique qui sévit de nos jours ? A nouveau, nous voici face à un défi et devant une mission qui se situent à la hauteur de l'idée qu'on devrait se faire de la politique : comment redonner sens et force au principe d'autorité démocratique sans lequel une société se disloque ou — retour à Montesquieu — se donne au « despotisme d'un seul » ? Comment gouverner demain un peuple à la fois* surinformé et désinformé, conservateur et réformateur, casanier et aventurier, réaliste et impatient, bref le peuple français que mille ans d'histoire et un siècle d'école républicaine ont rendu allergique aux formes traditionnelles d'autorité ?

Questions — et réponses — pour un autre livre, peut-être. Dans celui-ci, je me suis borné à décrire ce que je vis, ce que je fais. Je n'ai rien caché des heurs et malheurs de la politique. J'ai sans doute eu le tort de me livrer à cœur ouvert. Je n'ai pas dissimulé le découragement que j'éprouve parfois lorsque les querelles de personnes viennent contrarier les chances de la cause qu'avec d'autres, je crois servir, ou que les médias et l'opinion confondent, dans le même opprobre, le bon grain et l'ivraie de la politique. Il y a des petits matins blêmes.

Et pourtant, comme dirait mon ami Clément, « je continue ». La vraie question que je me pose parfois avec angoisse — le mot n'est pas trop fort — n'est décidément pas de savoir s'il faut aujourd'hui « continuer », mais si je saurai un jour « arrêter ». Au moment où j'écris ces lignes, j'examine les candidatures aux prochaines élections législatives, circonscription par circonscription. Je fais une constatation : la charrue est passée de mode. Quel que soit l'âge, Cincinnatus ne fait plus école. Toute la difficulté en politique est de savoir décrocher, qu'on soit maire ou président de la République.

Ma hantise, c'est de me retrouver à soixante-quinze ans — si Dieu me prête vie — en train de négocier pied à pied, avec mon successeur rue de Lille, une investiture au Sénat, après avoir été honteusement chassé de *ma circonscription législative par les jeunes loups de mon propre parti. Alors, de temps en temps, j'ai des rêves de fuite. Un jour à Venise, dans les jardins de la Fondation Cini qui font face à la Giudecca, je suis tombé en arrêt devant une petite maison délabrée, couverte de ronces. J'ai imaginé y faire retraite, fût-ce comme gardien. Je me suis vu prendre, chaque fin d'après-midi, le vaporetto qui accoste à San Giorgio, traverser le Grand Canal, débarquer sur la Piazzetta, aller m'asseoir à la terrasse du Florian, y vivre les premières heures de la soirée tout en regardant passer les jolies filles et en savourant un Bellini. A moins que le bedeau de Santa Maria Assunta, à Torcello, ne cherche à passer la main... Je suis candidat ! Quand je raconte ces fantasmes autour de moi, on se moque. Je me laisse volontiers dissuader. Je contiens mon désir de fugue. Je me dis que rien ne presse. Est-ce déjà mauvais signe ?*

*Achevé d'imprimer en janvier 1993*
*sur presse CAMERON*
*dans les ateliers de B.C.A.*
*à Saint-Amand-Montrond (Cher)*
*pour le compte des éditions Grasset*
*61, rue des Saints-Pères, 75006 Paris*

N° d'Édition : 9023. N° d'Impression : 3407-92/624.
Dépôt légal : janvier 1993.

*Imprimé en France*

ISBN 2-246-46241-X